सूर्य की अन्तिम किरण से
सूर्य की पहली किरण तक

(नाटक)

रंगमंडलियों को सख़्त चेतावनी :

इस नाटक पर नाटककार के अधिकार कॉपीराइट अधिनियम के अन्तर्गत सुरक्षित हैं। इस नाटक को रंगमंच पर प्रस्तुत करने से कम-से-कम एक माह पहले नाटककार को रुपये 10000 का भुगतान कर लिखित अनुमति प्राप्त करना अनिवार्य है। चालाकी महँगी पड़ेगी। बहाने बनाना बेकार है। भुगतान करना ही होगा।

सूर्य की अन्तिम किरण से सूर्य की पहली किरण तक

सुरेन्द्र वर्मा

भारतीय ज्ञानपीठ

लोकोदय ग्रन्थमाला : ग्रन्थांक 1176

ISBN 978-93-263-5134-8

सूर्य की अन्तिम किरण से
सूर्य की पहली किरण तक
(नाटक)
सुरेन्द्र वर्मा

प्रकाशक : **भारतीय ज्ञानपीठ**
18, इन्स्टीट्यूशनल एरिया, लोदी रोड, नयी दिल्ली-110 003

मुद्रक : भारतीय ज्ञानपीठ, नयी दिल्ली-110003

आवरण चित्र : अवधेश मिश्र
आवरण-सज्जा : ज्ञानपीठ कला प्रभाग

SURYA KI ANTIM KIRAN SE
SURYA KI PAHALI KIRAN TAK
(Play)
by Surendra Verma

Published by
Bharatiya Jnanpith
18, Institutional Area, Lodi Road
New Delhi-110 003
e-mail : jnanpith@satyam.net.in, sales@jnanpith.net
website : www.jnanpith.net

Fifth Edition : 2021
Price : Rs. 120

निर्देशक का वक्तव्य

नाटक के प्रकाशन में यानी प्रस्तुत हो चुकने के बाद, किताब के आकार में छपने के पहले और नाटककार के अपने सृजनात्मक संसार से निकलने के बाद नाटक एक निर्देशक, अभिनेता, शिल्पी आदि के निजी और सामूहिक सृजन प्रक्रिया से होकर ही मंच पर दिखता है। और ठीक जिस समय वह दीख रहा होता है तब भी देखनेवालों और करनेवालों के बीच एक लगातार लेन-देन का व्यापार चलता रहता है। यह व्यापार हर निर्देशक, अभिनेता, मंडली, दर्शक, यहाँ तक कि एक प्रदर्शन से दूसरे प्रदर्शन तक में भी होते हुए नाटक को बदलता रहता है।

इसीलिए मुद्रित नाटक में नाटक की बात और होने के क्रम में गुज़री प्रक्रिया और अनुभव की बात करने का मौक़ा मिला तो सोचने लगा कि यह नाटक मैंने कैसे चुना। सर्वप्रथम 'दिशान्तर' ने सुरेन्द्र वर्मा का नाटक 'द्रौपदी' प्रस्तुत किया था— तब से मेरे मन में सुरेन्द्र के अन्य नाटक पढ़ने-करने की बात थी। एक दिन सुरेन्द्र ने अपने एक नाटक का शीर्षक-भर बताया :

'सूर्य की अन्तिम किरण से
सूर्य की पहली किरण तक'

इतना लम्बा नाम! 'सूर्य' शब्द के दुहराए जाने में वक्तव्य का बलपूर्ण आग्रह लगा। काव्यात्मकता अपनी जगह।

इन दोनों पंक्तियों को ग़ौर से देखें तो गणितात्मक आवृत्ति और एक चौरसपना है वाक्य के स्वरूप में, जबकि ध्वनि और

अर्थ में काव्यात्मकता है। वैसे तो 'बात एक रात की' कहा जा सकता है। रात के बोझिल अन्धकार, और रात के साथ जुड़ी दूसरी ध्वनि यौन-बिम्ब धारण करती है। सारे नाटक को करने के दौरान मैं शीर्षक के साथ जोड़ने लगा और मुझे कुंजी मिली। पढ़ने के साथ स्थिति के तनाव और विषय की जटिलता ने बाँधना शुरू किया। संवादों को पढ़ते समय बोल-बोलकर पढ़ने की-सी विवशता अनुभव की। इसीलिए बाद में अभिनय के लिए बात फिर से मन में जमी कि संवाद बोलते समय पात्र एक विवशता से बोल रहा है अन्यथा बोलता नहीं। मेरा मतलब संवादों को दबाकर बोलने से है जो संयत अभिनय-शैली से जुड़ जाता है। भयानक सन्त्रास की स्थिति में भी चीख को रोकते हुए चीख पड़ना मुझे अधिक खींचने लगा। इसके लिए बीच-बीच की चुप्पी और नस-तोड़ सन्नाटे की ताक़त ने फिर से झकझोर दिया। इसीलिए शीलवती (उत्तरा बावकर) और ओक्काक (राजेन्द्र गुप्त) को अपनी मांसपेशियों और नसों में तनाव पैदा कर मुड़ने, भिंचने और चुप चलने और फिर बोल पड़ने को मजबूर होना पड़ा।

इस क्रम में मुख्यतः इन्हें और प्रतोष (विवेक) को शारीरिक और मानसिक रूप से हर अभ्यास के दिन अपने को थका देना पड़ा। संवाद जितने ऊँचे बोले जा सकते थे उससे नीचे बोलने की मजबूरी और ऊँचे बोले जाने की आवश्यकता रोके जाने की प्रक्रिया और प्रयत्न को देखनेवाले तक पहुँचाना ज़रूरी लगा। अगर ऊँचे हो जाएँ तो ख़ाली होने लगें। फिर तो सारे प्रसंग इतने कठिन और मौनपरक हैं कि सारा नाटक एक हल्का और सौन्दर्यबोध से चुक सकता था और जब कभी ऐसा जिस स्थल पर किसी भी कारण हुआ वहीं सतही लगा भी। अस्तु...

सारे नाटक को फिर स्वरूप की दृष्टि से देखा तो दृश्यों के क्रम और पात्रों के ताने-बाने में भी शीर्षक की गणितात्मक

स्थिति मिली। पहले अंक में शीलवती आत्मविश्वास से वंचित है— कम बोलने को है। तीसरे अंक में ओक्काक शब्द-रहित है। पहले अंक में मन्त्री-परिषद जैसे सारे कार्य-व्यापार पर क़ाबू पाये हैं— तीसरे अंक में मन्त्रिपरिषद की स्थिति बिल्कुल हास्यास्पद हो जाती है। इसी तरह अधिकतर समय दो-दो पात्रों के संवाद हैं। महत्तरिका के साथ दासी या मन्त्री, या फिर ओक्काक और महत्तरिका, शीलवती-ओक्काक, शीलवती-प्रतोष— यह क्रम फिर स्पेस में भी अपनी रेखाएँ खींचता है।

मुझे लगा कि सारे प्रमुख पात्र एक-दूसरे के सामने खड़े हैं, इसलिए मैंने अभिनेताओं को तिरछे होकर दर्शक के समक्ष आने से वर्जित किया। क्योंकि या तो वे ठीक हमारे आमने-सामने हैं या फिर एक-दूसरे के आमने-सामने, इसलिए मंचीय परम्परा का तीन-चौथाई दर्शकों को दीखनेवाला सिद्धान्त बिल्कुल छोड़ दिया गया। मंच के विशेष बिन्दुओं पर पात्रों की स्थितियाँ दुहराई गयीं। जैसे कोई विशेष संवाद-सन्त्रास यदि शीलवती-ओक्काक ने मंच के बीच खड़े होकर भोगा तो— ठीक उसी स्थान और शारीरिक भंगिमा के साथ प्रतोष और शीलवती के बीच उसी मंच बिन्दु पर महत्त्वपूर्ण नाटकीय क्षण लाये गये। इसमें दर्शकों के उपचेतन में सारे पात्रों का एक अदृश्य सूई से बींधने का उद्देश्य रहा। सारे दृश्य-विधान के काल का संकेत भाग रखते हुए एक तिरछी मज़बूत लकीर मंच को बाँटती है। शैया सारे मंच के लगभग केन्द्र में है। (मुनीर अहमद इसके मंच-सज्जा-शिल्पी थे) सारा मंच दो त्रिकोणों में बँटता है, इस तरह दो से अधिक पात्रों के समय उनके स्थिति-बिन्दुओं से रेखाएँ खींचें तो अनगिनत त्रिकोण बनते चले जाते हैं। सन्त्रास की ऐंठन को व्यक्त करने के लिए अपने स्थान पर ही गोल घूमती गतियाँ और अनिश्चित दिशा में बढ़ते क़दम। एक उदाहरण — ओक्काक महत्तरिका को 'कौटिल्य ने राजा के लिए रात को आठ भागों में

बाँटा है।' कहते समय अभिनेता अपने ही स्थान पर गोल घूमने लगता है और फिर वह चक्कर थोड़ा बढ़कर फैलने लगता है— वह उसी गति से बोलता और घूमता जाता है और फिर एकाएक अनिश्चिततापूर्वक उस नियत रेखा-वृत्त से निकल मंच के उन बिन्दुओं की ओर जाता है जिनसे उसका दैनिक अभ्यास-सम्बन्ध है, पर आज हर बिन्दु पर अनजान, अनिश्चित-सा घूमता चला जाता है— घूमने में अभी तक गोलाई है और फिर झटके के साथ उग्र आक्रोश से सपाट कोणात्मक यात्रा करने लगता है— किन्तु जाने पर मंच-बिन्दु निश्चित अभी तक नहीं, क्योंकि उसकी जीवन-यात्रा भी इतनी ही अनिश्चित और कोणात्मक होती जाती है।

काल-विशेष से बढ़कर नाटक विषय की दृष्टि से ही हमसे सम्बन्ध जोड़ता है। विशेषकर इसमें नाटककार ने एक कालखंड में कथा का आधार डालकर पात्रों को गरिमा देने का प्रयास किया है जो आज के जीवन में व्यक्तित्व के स्तर पर कम पड़ गया है क्योंकि रोज़ी की समस्या ने आदमी को बहुत ओछे स्तर पर जीने को मजबूर किया है। फिर भी स्त्री-पुरुष की परस्पर अपूर्णता और पूरकता की ग्रन्थि जितना ही जटिल, शाश्वत प्रश्न है उतना ही सरल भी। तादात्म्य होता ही है। कुछ दर्शकों को मैंने छिपकर देखा, कैसे आरम्भ में उन्हें नाटक की स्थिति से संकोच रहा और क्रमशः वही महोदया शीलवती के संग तीसरे अंक में अपनी कुर्सी से मुद्रा और भंगिमा द्वारा चुप किन्तु सक्रिय आक्रोश व्यक्त कर रही थीं। काल-खंड की, यहीं फिर से टूटकर एक होने की प्रक्रिया देखी गयी— सन्तोष हुआ। इसलिए हमारे पात्र विशेष व्यक्ति न होकर क्रमशः मात्र स्त्री और पुरुष बन गये। काल और वस्त्र और भाषा एक बार बहाना बनी, फिर टूटती चली गयी।

शीलवती का अन्तिम वाक्य है— जब आत्मसन्तोष की

पहला अंक

मंच एवं समय-सन्दर्भ

शयनकक्ष

सूर्यास्त

पहला अंक

[राजप्रासाद का शयनकक्ष। मंच की अगली सीमा पर दायीं और बायीं ओर एक-एक द्वार। दायें के बाद मदिराकोष्ठ, बायें के बाद चौकी पर दर्पण एवं प्रसाधन-सामग्री, सामने आसन्दी। बायीं ओर बड़ा जालगवाक्ष, बायीं तथा सामने की दीवार के लगभग मध्य भाग से लेकर दोनों *(दीवारों)* के सम्मिलन तक। मंच के बीचोबीच ऊपर से लटकता मुक्ताक्लाप। सामने की दीवार के पास शैया। कुछ आसन एवं चौकियाँ।

नेपथ्य से धीमी उद्घोषणा। धीरे-धीरे प्रकाश होता है। नेपथ्य में मंगलवाद्य-ध्वनि, जो क्रमशः बहुत मन्द हो जाती है। महत्तरिका, प्रमुख प्रतिहारी का प्रवेश। यों ही एकाध जगह ठिठकती है। एकाध वस्तु को सहेजती है। गवाक्ष तक आकर बाहर देखने लगती है। दूसरी प्रतिहारी का प्रवेश।]

प्रतिहारी : महत्तरिका! ...यहाँ क्यों चली आयी हो?

महत्तरिका : *(गहरी साँस लेकर)* मुझसे सहन नहीं हो रहा है वह शृंगार... इसलिए।

प्रतिहारी : कपोलों पर विशेषक कौन बनाएगा? ...तुम्हारे जैसा सधा हाथ तो किसी का नहीं।

महत्तरिका : तू बना दे।

(विराम।)

प्रतिहारी : क्या बनाना है? कमल या शंख? ... अभी महादेवी से पूछा, लेकिन उत्तर ही नहीं मिला। वे तो जैसे बिल्कुल जड़ हो गयी हैं। ...न उन तक कोई बात पहुँचती है, न उन पर कोई प्रतिक्रिया होती है।

महत्तरिका : कुछ भी बना दे। ... क्या अन्तर पड़ता है।

प्रतिहारी : *(कुछ रुककर)* अभी मैंने महामात्य, राजपुरोहित और महाबलाधिकृत को भीतर आते हुए देखा है। ...महाराज को उद्यान से हटा लो न! ...जिस मन:स्थिति में वे हैं, उसमें इन लोगों से सामना नहीं होना चाहिए।

महत्तरिका : *(फीकी मुस्कान से)* कोई कुछ नहीं कर सकता, बावली...! अगर किसी का बस चलता, तो ऐसी अनहोनी होती ही क्यों?

(विराम।)

प्रतिहारी : *(कुछ भेद भरे स्वर में)* एक बात बताऊँ?

महत्तरिका : *(प्रतिहारी की ओर देखती है)* क्या?

प्रतिहारी : *(कुछ रुककर)* तुम तो महादेवी को बचपन से जानती हो। क्या यह सच है कि महाराज से ब्याह होने से पहले महादेवी किसी की वाग्दत्ता थीं?

महत्तरिका : हाँ।

प्रतिहारी : कौन थे वे?

महत्तरिका : उन्हीं के जैसे एक दरिद्र युवक— नाम था प्रतोष... लेकिन अब दरिद्र नहीं हैं। बहुत बड़े व्यापारी हो गये हैं।

प्रतिहारी : रहते कहाँ हैं?

महत्तरिका : पास ही, अवन्ती में... लेकिन यहाँ भी उनका एक प्रासाद है। *(क्षणिक विराम)* क्यों? क्या हुआ?

प्रतिहारी : कंचुकी ने मुझे बताया है कि...

महत्तरिका : *(सजग होकर)* क्या?

प्रतिहारी : आज दोपहर को वह उस रास्ते निकला था, तब उस भवन में झाड़-पोंछ हो रही थी। उसने पूछा, तो बतलाया गया कि गृहस्वामी आ रहे हैं।

महत्तरिका : ओह...!

(सोचती-सी रह जाती है। दोनों एक-दूसरे की ओर देखती हैं। बायें द्वार पर आहट।)

प्रतिहारी : *(उस ओर देखते हुए)* महामात्य...!

(प्रतिहारी का तनिक नमन करते हुए प्रस्थान। महामात्य का प्रवेश।)

महामात्य : महत्तरिका!

महत्तरिका : श्रीमान्!

महामात्य : *(दायें-बायें देखते हुए)* महाराज...?

महत्तरिका : उद्यान में हैं।

महामात्य : उनकी तबीयत कैसी है अब?

महत्तरिका : सारी रात सोये नहीं। चिन्तित-से टहलते रहे। कल से अन्न का एक दाना मुँह में नहीं गया।

(विराम।)

महामात्य : और महादेवी?

महत्तरिका : *(उदास मुस्कान से)* छः रातों की तरह कल रात भी उनकी आँख नहीं लगी। शैया पर करवटें बदलती रहीं।

महामात्य : *(कुछ रुककर)* उन्हें तैयार किया गया?

महत्तरिका : अनुलेपन और स्नान हो चुका है। शृंगार चल रहा है।

महामात्य : क्या पहनाया जा रहा है उन्हें?

महत्तरिका : वही, जो आपकी आज्ञा थी।

महामात्य : जयमाला गूँथी जा चुकी है?

महत्तरिका : हाँ, महोदय।

(विराम।)

महामात्य : आज सारी रात तुम महाराज के साथ रहना। उनका मन बहुत अस्थिर है। कहीं कुछ कर बैठें!

महत्तरिका : जो आज्ञा!

(महामात्य का प्रस्थान। महत्तरिका फिर गवाक्ष के सम्मुख आ जाती है। वाद्य-ध्वनि की ऊँची-नीची लय। ओक्काक महाराज का निःशब्द प्रवेश। कुछ क्षण महत्तरिका की ओर देखता रहता है।)

ओक्काक : महत्तरिका!

महत्तरिका : *(चौंककर)* ओह... महाराज...!

ओक्काक : *(हल्की मुस्कान से)* क्या देख रही हो इतनी डूबी हुई? सुध-बुध भूलकर?... *(महत्तरिका सिर झुका लेती है।)* बोलो न?... कुछ मुझे भी बताओ। *(विराम)* महत्तरिका!

महत्तरिका : *(गहरी साँस लेकर)* देख रही थी नीचे... मंडप की ओर...।

ओक्काक : कैसा बना है?

महत्तरिका : बहुत कल्पनाशील...!

(विराम।)

ओक्काक : कुछ और जानने दो न...!

महत्तरिका : *(धीरे-धीरे)* रत्नजटित स्तम्भ... और उन्हें जोड़ते हुए कदली के तोरण... मल्लिका-कलियों की मालाओं के जाल, तोरणों पर सजाए गये...सिन्धुवार पुष्पों की मंजरियाँ, जालों से लटकाई गयी...लवंगपल्लवों की बन्दनवारें...मंगलकलश, जिन पर स्वस्तिचिह्न लगे हैं...।

(गला रुँध-सा जाता है। ओक्काक महत्तरिका की ओर देखता है। फिर मदिराकोष्ठ तक आता है। पात्र उठाकर चषक में मदिरा ढालने को होता है, सहसा रुक जाता है।)

ओक्काक : *(मुस्कान सहित)* जिन व्यक्तियों की नियुक्ति अमात्य-परिषद् से हुई है, वे तो अपने कामों में बड़े कल्पनाशील हो रहे हैं! लेकिन यह समझ में नहीं आता कि राजप्रासाद के कर्मचारियों को क्या हो गया है?

महत्तरिका : *(गला साफ़ करके)* क्या कोई त्रुटि हुई महाराज?

ओक्काक : अभी उद्यान में देखा कि वापिका के ऊपरी किनारों पर हल्की-सी काई जम गयी है, अनेकानेक क्यारियों में जल नहीं दिया गया, कई सुकुमार पौधों के आसपास

से घास नहीं उखाड़ी गयी... और अब यहाँ देख रहा हूँ कि मदिरा में मक्षिका है और चषक पर धूल की तह... *(मुस्कान सहित चषक पर उँगली से लकीर खींचते हुए)* ताकि मैं चित्रकारी कर सकूँ !

महत्तरिका : क्षमा करें, महाराज। मैं अभी...

(बढ़ती है। ओक्काक वर्जना का हाथ उठाता है। दूसरे पात्र से दूसरा चषक भरता है। एकाध घूँट लेता है। महत्तरिका पास आ जाती है। पहले चषक को दुकूल से पोंछने लगती है।)

महत्तरिका : *(धीमे स्वर में)* जब से उद्घोषणा हुई है, राजप्रासाद के कर्मचारी नहीं जानते कि वे क्या करते हैं, कैसे करते हैं !

(विराम।)

ओक्काक : आज एक सप्ताह पूरा हुआ है न?

महत्तरिका : हाँ, महाराज।

ओक्काक : *(कुछ अन्तर्मुख-सा)* एक... दो... तीन... चार... पाँच... छह... *(क्षणिक विराम। महत्तरिका से)* आज सातवाँ दिन है न?

महत्तरिका : *(एकटक देखती है)* हाँ, महाराज।

ओक्काक : *(कुछ ठहरकर, हल्की मुस्कान से)* कुछ याद ही नहीं आता। ...अभी यही जानने का प्रयास कर रहा था कि वर्ष कौन-सा है... तो कुछ हिसाब ही नहीं बना। ...संवत् की संख्या की जगह महीनों के नाम आ गये। फिर उन नामों के स्थान पर तिथियों का क्रम आ पहुँचा। फिर उस क्रम की बजाय... *(दोनों हथेलियों से माथा ठोकता है, जैसे स्मृति के द्वार पर दस्तक दे रहा हो)*।

महत्तरिका : *(विह्वल होकर)* आप बहुत क्लान्त हैं, महाराज। आपको विश्राम की आवश्यकता है— निद्रा की, तन्द्रा की, विस्मरण की...

ओक्काक : *(आवेग से)* कैसे मिले यह निद्रा? यह विस्मरण? जब तक यह कक्ष है, जब तक यह शरीर है... जब तक यह जीवन है... *(बायें द्वार पर कुछ आहट। बिना मुड़े)* ...कौन है वहाँ...?

(महामात्य, राजपुरोहित एवं महाबलाधिकृत का प्रवेश। महत्तरिका का प्रस्थान।)

ओक्काक : *(वितृष्णा से)* तो आप लोग हैं... ओक्काक की स्वामिभक्त त्रिमूर्ति... कहिए, अब क्या आज्ञा है?

(विराम।)

महामात्य : हम कैसे आपको अपनी निश्छलता का विश्वास दिलाएँ?

राजपुरोहित : हम जो कुछ भी कह रहे हैं, केवल राज्य के हित के लिए।

महाबलाधिकृत : इसके अतिरिक्त और कोई भावना नहीं है।

ओक्काक : *(व्यंग्य से)* इसमें कौन सन्देह कर सकता है!

महामात्य : *(कुछ रुककर)* आप अच्छी तरह जानते हैं मल्ल राज्य की परम्परा को... कि शासनकाल के पाँच वर्ष पूरे होते ही उत्तराधिकारी की घोषणा कर दी जाती है। आपके ब्याह और सिंहासनारोहरण को इतना समय हो चुका है, लेकिन अभी तक कोई सन्तान नहीं हुई।

राजपुरोहित : और आपके लगातार एक मास तक शैयाग्रस्त रहने के कारण प्रजा के मन में यह डर समा गया है कि...

ओक्काक : लेकिन वह मामूली-सा ज्वर था। अब तो मैं पूरी तरह स्वस्थ हूँ, हृष्ट-पुष्ट हूँ।... क्या मुझे देखकर कह सकता है कोई कि मेरे जीवन के दिन थोड़े रह गये हैं?

महाबलाधिकृत : कोई नहीं कह सकता। लेकिन जो आपको देख ही न पाएँ, उन्हें इस आशंका से बचाने का कौन-सा उपाय है?

महामात्य : और अगर हो भी, तो कब तक उसका सहारा लिया जा सकता है? कभी-न-कभी तो इस समस्या का सामना करना ही पड़ेगा।

ओक्काक : *(दृष्टि बचाए हुए, ग्लानिमिश्रित क्रोध से)* क्या समस्या... कैसी समस्या...?

(विराम।)

राजपुरोहित : *(करुणा से)* महाराज! स्वयं को भुलावे में मत डालिए। ...सच्चाई का साक्षात्कार जितनी जल्दी कर लिया जाय, अपने आपको सँभालने में उतनी ही आसानी रहती है।

ओक्काक : *(बलपूर्वक)* दुनिया में कुछ भी असम्भव नहीं होता।

महामात्य : लेकिन कठिन तो होता है।

महाबलाधिकृत : और राजवैद्य ने अब हार स्वीकार कर ली है।

ओक्काक : *(एकटक देखता है)* और यह कहने में आपको कितना आनन्द मिल रहा है!

(विराम।)

महामात्य : *(व्यथा से)* महाराज!

राजपुरोहित : दुःख इसी बात का है कि आप हमसे सहमत नहीं हो रहे।

ओक्काक : *(क्रोधपूर्वक)* कैसे हो जाऊँ सहमत? जबकि आप लोग हमारे नाम को एक कन्दुक की तरह ठोकर मारकर सारे राज्य में उछाल देना चाहते हैं।

महामात्य : आपके नाम की चिन्ता हमें आपसे अधिक है। क्या यह योजना इस राजवंश के नाम को बनाए रखने के लिए ही नहीं है?

ओक्काक : *(खीझता हुआ)* लेकिन कैसा है बनाने का यह ढंग? इसका रूप क्या होगा? *(कुछ आगे बढ़ आता है। दोनों हाथ ऊपर उठाकर, भर्राए स्वर में)* हे प्रभु! क्या संसार की सारी ग्लानि मेरे ही भाग में आनी थी!

महाबलाधिकृत : आप इस बात को लेकर व्यर्थ ही इतना उलझ रहे हैं!

राजपुरोहित : जिसकी आँखें नहीं होतीं उसे अगर कोई अन्धा कह दे, तो क्या उसका अपमान हो जाता है?

महामात्य : लांछन तो उस पर लगना चाहिए, जो लांछन लगाता है। ऐसी कमी के लिए आदमी पर दोषारोपण करना, जिस पर उसका कोई वश नहीं, किसी भी प्रकार से संगत और उचित...

ओक्काक : *(आवेश में)* लेकिन यह ऐसी कमी नहीं है, जो... *(कह नहीं पाता। उन लोगों की ओर पीठ कर आगे बढ़ जाता है। विवश हो, रोष में लम्बी साँसें लेता है)* यह सबसे कोमल मर्मबिन्दु से जुड़ी है... आत्मसम्मान के साँस जैसे सूक्ष्म और जीवन्त तार से... *(आरोप की दृष्टि से देखता है)* लेकिन आप नहीं समझेंगे। आप लोग पुरुष हैं न.. सम्पूर्ण पुरुष!

महाबलाधिकृत : अपने इस दुःख में आप अकेले नहीं हैं, महाराज।

राजपुरोहित : हम भी शासन-तन्त्र के मन्त्र हैं— आपसे जुड़े हुए।

महामात्य : अन्धकार के इन क्षणों के हम भी भागीदार हैं।

ओक्काक : *(बिफर कर)* नहीं हैं... अगर होते, तो ऐसा क्रान्तिकारी पग उठाने का पागलपन आप नहीं करते। केवल चर्चा और प्रचार के लिए, दूसरों के मूल्य पर नेता बनने की महत्त्वाकांक्षा में...

महामात्य : यह पग उतना क्रान्तिकारी नहीं है, जितना कि आप समझ रहे हैं। आजकल भी नियोग की प्रथा है। दो वर्ष पहले कुंडिनपुर और तीन वर्ष पहले अवन्ती राज्यों में इसी प्रकार उत्तराधिकारी प्राप्त किया गया है।

महाबलाधिकृत : इन दोनों ही राज्य की महिषियाँ गर्भप्राप्ति के लिए धर्मनटी बनकर बाहर गयी थीं।

ओक्काक : *(दोनों कानों पर हाथ रखकर, ऊँचे स्वर में)* मत बोलिए मेरे सामने यह शब्द! ...मुझे इस शब्द से घृणा है... धर्मनटी!

राजपुरोहित : *(ओक्काक की प्रतिक्रिया से अप्रभावित)* और इतिहास साक्षी है कि हमारे देश में प्राचीन काल से ही यह रास्ता अपनाया गया है। एक-एक पांडव का जन्म नियोग के द्वारा ही हुआ था— उनमें से कोई भी अपने पिता की सन्तान नहीं था।

महामात्य : *(अर्थपूर्ण स्वर में)* और जब तक आदमी आदमी है, यह प्रथा जीवित रहेगी।

ओक्काक : क्या मतलब?

(विराम।)

महामात्य : क्या प्रमाण है इस बात का कि हम चारों जो यहाँ खड़े हैं, अपने-अपने पिता के पुत्र हैं? ...हो सकता है कि मेरा वास्तविक पिता वह शिक्षक हो, जो मेरी माँ को संस्कृत पढ़ाने आता था। ...क्या इस बात की सम्भावना नहीं है कि *(संकेत सहित)* महाबलाधिकृत के पिता सही मानों में चक्रपुर के मंडलेश्वर हों, जो यहाँ राजधानी में रहते समय *(एक-एक शब्द अलग करते हुए)* इनकी माँ के पति के गहरे मित्र थे? क्या यह बिल्कुल असम्भव है कि ब्याह के एक दिन पहले *(संकेत सहित)* राजपुरोहित की माँ ने आवेग के बहुत उन्मादी क्षण में अपने प्रेमी के आगे आत्मसमर्पण कर दिया हो? ...नियोग का कारण दूसरा हो सकता है, नियोग का रूप दूसरा हो सकता है। कहीं यह चोरी-छिपे होता है, कहीं धूमधाम से।

ओक्काक : *(विह्वल होकर)* लेकिन मुझे यह किसी भी प्रकार स्वीकार नहीं। मैं नहीं चाहता कि मेरा वंश हमेशा के लिए एक लज्जाजनक उदाहरण बने। आज से सैकड़ों वर्ष बाद लोग घिनौने आनन्द के साथ इस बात को दोहराएँ कि मल्लराज्य का शासक ओक्काक... नपुंसक था और उसकी पत्नी गर्भ धारण करने के लिए राजप्रासाद

से बाहर गयी थी।

महामात्य : *(गम्भीर स्वर में)* इसमें इच्छा-अनिच्छा कहीं नहीं आती महाराज! अंगुत्तर निकाय में एक सीधा-सादा प्रश्न पूछा गया है... कि राजा का राजा कौन है?— और उत्तर भी वहीं पर है— धर्म!

ओक्काक : *(बौखलाकर)* अपने धर्म की शिक्षा क्या मुझे आपसे लेनी होगी?

महाबलाधिकृत : *(दृढ़ स्वर में)* मत भूलिए कि राज्याभिषेक के समय आपने ऐतरेय ब्राह्मण की कौन-सी शपथ ली थी...।

राजपुरोहित : जिस रात को मेरा जन्म हुआ है और जिस रात को मेरी मृत्यु होगी, उन दोनों के बीच में जो मेरी सन्तति, धन, आयु और यश है— वह सब नष्ट हो जाए, अगर मैं प्रजा से द्रोह करूँ।

ओक्काक : लेकिन मैंने प्रजा के साथ कौन-सा द्रोह किया है?

महामात्य : आप अपने धर्म का पालन नहीं करना चाहते, अपनी संज्ञा को सार्थक नहीं बनाना चाहते... राजा वह, जो प्रजा का रंजन करे।

ओक्काक : *(झुँझलाकर)* आप लोग यह सूक्तियाँ मुझे क्यों सुना रहे हैं? राजा की परिभाषा क्या होती है, यह मैं भी जानता हूँ।

महामात्य : जब जानते हैं, तो वैसा आचरण क्यों नहीं करते?

राजपुरोहित : क्यों प्रजा को एक उत्तराधिकारी नहीं देना चाहते?

ओक्काक : *(सन्तुलन छोड़कर, ऊँचे स्वर में)* पर ऐसा कौन-सा घनघोर संकट आ रहा है, जो आप लोग लगातार एक ही बात की रट लगाए हैं?

महाबलाधिकृत : इसका मतलब यह हुआ कि आप गुप्तचरों की बातों पर भी ध्यान नहीं दे रहे हैं। ...क्या मैंने आपकी सेवा में यह सूचना नहीं पहुँचाई थी कि *(दायाँ हाथ उठाकर)* इस ओर केतु और *(बायाँ हाथ उठाकर)* उस ओर

वल्लभ राज्य के शासकों ने आपस में षड्यन्त्र किया है कि मल्लराज्य पर आक्रमण करें और हमारी सारी धन-सम्पत्ति लूट लें?

ओक्काक : लेकिन यह तब की बात है, जब मैं रोगग्रस्त था। अब तो मैं पूरी तरह...।

महामात्य : पर राजधानी के बाहर कितने लोग यह जानते हैं कि अब आप पूरी तरह रोगमुक्त हैं? क्या गुप्तचर एक के बाद एक लगातार यह सूचना नहीं ला रहे हैं कि मल्लराज्य के कोने-कोने में ऐसी चर्चाएँ फैली हुई हैं कि महाराज ओक्काक का देहान्त हो गया है और उनके नाम पर *(क्रमश: संकेत सहित)* महामात्य, राजपुरोहित और महाबलाधिकृत शासन चला रहे हैं?

राजपुरोहित : क्या ऐसा नहीं हो सकता कि जानबूझकर या अनजाने में ही दोनों पड़ोसी राज्य हमारे ऊपर आक्रमण कर दें?

ओक्काक : *(क्रूर मुस्कान से)* तो हम उनका सामना करके वीरगति प्राप्त करेंगे... और हमारे साथ आप तीनों भी।

महाबलाधिकृत : और हमारे बाद क्या होगा?

महामात्य : मल्लराज्य का कोई बचा-खुचा, महत्त्वाकांक्षी सामन्त राजसिंहासन पर बैठ जाएगा, यही न?

ओक्काक : और अगर आप लोगों की इच्छानुसार राज्य को एक उत्तराधिकारी मिल जाएगा, तो क्या होगा?

महामात्य : तो प्रजा और सेना का मनोबल बढ़ेगा।

महाबलाधिकृत : और हमारे शत्रु अपने कुचक्रों में हतोत्साहित होंगे।

महामात्य : उत्तराधिकारी की घोषणा सही मानों में किस बात की घोषणा है? ...स्थायित्व की, एक परम्परा के बने रहने की... जो एक ओर सामान्य नागरिक को विश्वास दिलाती है कि उसका जीवन सहज रूप से चलता रहेगा और दूसरी ओर कई तरह की शंकाओं, महत्त्वाकांक्षाओं और षड्यन्त्रों को मिटा देती है। यह

धुन्ध, भ्रान्ति और अनिश्चय की टेढ़ी-मेढ़ी गलियों से हटाकर मल्लराज्य को विकास के राजपथ पर...

ओक्काक : *(आवेश में)* हमें भी मल्लराज्य के विकास की चिन्ता है। यह ठेकेदारी केवल आपको ही नहीं सौंपी गयी।

महामात्य : लेकिन जब ठेकेदार अपने आत्मसम्मान को ठेस पहुँचने के डर से अपना दायित्व नहीं निभाना चाहता हो, तब हम क्या करें? ...चुपचाप खड़े देखते रहें कि राज्य भीतरी और बाहरी संकटों में घिरा है? सहस्रों नागरिकों का जीवन एक अन्धे मोड़ पर ठहर गया है? एक पूरे का पूरा राज्य... सारी व्यवस्था... अनेकानेक पीढ़ियों का संघर्ष और परिश्रम और निर्माण... *(संकेत सहित)* केवल एक *(बलपूर्वक)* पुरुष के अपवाद के डर से!

ओक्काक : *(आगे आ जाता है। घुटे क्रोध से)* अमात्य-परिषद् को सुविनीत नाम से पुकारा जाता है, लेकिन हमें लग रहा है कि वास्तव में इसकी संज्ञा दुर्विनीत होनी चाहिए।

महामात्य : *(व्यंग्य-भरी, सूक्ष्म मुस्कान से)* यह केवल आपकी ही प्रतिक्रिया नहीं है महाराज, प्रियदर्शी अशोक को भी ऐसा ही लगा होगा, जब वे बौद्धसंघ को इच्छानुसार धन नहीं दे सके थे। महाक्षत्रप रुद्रदामा ने भी यही सोचा होगा, जब वे सुदर्शन सरोवर के परिसंस्कार के लिए मनमानी राशि पानी में नहीं फेंक सके थे। श्रावस्ती के नरेश को भी ऐसा ही प्रतीत हुआ होगा, जब उन्होंने चाहा था कि...

ओक्काक : *(क्रोधपूर्वक)* यह क्यों नहीं कहते कि आप अपनी और अमात्य परिषद् की शक्ति का प्रदर्शन करना चाहते हैं? मुझे एक उदाहरण बनाकर स्वयं एक उदाहरण बनना चाहते हैं... इतिहास के पृष्ठों में आकर अमृत के घूँट पीना चाहते हैं। *(व्यंग्य से)* जैसे अजातशत्रु के महामन्त्री वर्षकार ...जैसे उदयन के महामन्त्री

यौगन्धरायण... जैसे चन्द्रगुप्त के महामन्त्री चाणक्य...!

(नेपथ्य से, कुछ दूर और पास से क्रमशः तीन पुरुष स्वर— 'सूर्य आऽधाऽ डूऽब चुकाऽ हैऽ... ।')

महामात्य : *(स्थिर दृष्टि से ओक्काक की ओर देखता है)* आप जिस मन:स्थिति में हैं, उसमें ऐसी शंका करना स्वाभाविक है। ...और ऐसा कोई उपाय नहीं, जिससे मैं अपनी निश्छलता प्रकट कर सकूँ।

(विराम।)

राजपुरोहित : समय हो रहा है महामात्य!

महाबलाधिकृत : हमें शीघ्रता करनी चाहिए।

महामात्य : *(दायीं ओर देखते हुए, पुकारकर)* महत्तरिका...!

(महत्तरिका का प्रवेश।)

महत्तरिका : श्रीमान्! *(हाथ की जयमाला चौकी पर रख देती है)*

महामात्य : राजमहिषी... तैयार हैं?

महत्तरिका : हाँ, महोदय।

(विराम।)

महामात्य : उनकी सेवा में सूचना दो कि... समय हो गया है।

(महत्तरिका का प्रस्थान। नेपथ्य में वाद्य-ध्वनियों की ऊँची-नीची लय। कुछ क्षण बाद मन्द-मन्थर गति से शीलवती का प्रवेश। सामने खड़ी हो जाती है।)

महामात्य : *(धीमे स्वर में)* महादेवि! नहीं समझ पा रहा हूँ कि इस घड़ी क्या कहूँ! ...बस, यही आशा है कि आप स्थिति की अनिवार्यता को समझ रही हैं... हमारी विवशता को...

(राजपुरोहित की तरफ़ देखता हुआ जयमाला की ओर संकेत करता है। राजपुरोहित जयमाला लेकर ओक्काक के एक ओर आ जाता है)।

राजपुरोहित : *(जयमाला बढ़ाते हुए)* महाराज!

शीलवती : शीलवती नीचे देख रही है, ओक्काक एकटक शीलवती को।

राजपुरोहित : महाराज!

(महामात्य ओक्काक के दूसरी ओर, और महाबलाधिकृत उसके पीछे आ जाते हैं।)

राजपुरोहित : राजमहिषी को जयमाला दे दीजिए महाराज!

ओक्काक : (जयमाला ले लेता है। ऊँचा हाथ किए पल-भर उसे ध्यान से देखता है। करुण मुस्कान से) *जय... माला... !*

(शीलवती को दे देता है।)

राजपुरोहित : महाराज!... अब जो मैं कहूँ, उसको दुहराइए। *(विराम)* राजमहिषी शीलवती! ...मैं, मल्लराज्य का शासक और आपका पति ओक्काक, अमात्य-परिषद् के इस निर्णय से पूरी तरह सहमत हूँ कि आपको गर्भसिद्धि के लिए तीन अवसर दिये जाएँ। यह पहले अवसर की बेला है। ...कहिए महाराज!

(विराम। महामात्य और महाबलाधिकृत ओक्काक के कुछ पास आ जाते हैं।)

महाबलाधिकृत : महाराज!

ओक्काक : *(कुछ अवज्ञा से)* : हाँ-हाँ, ठीक है।

(राजपुरोहित और महाबलाधिकृत महामात्य की ओर देखते हैं। महामात्य स्थिर दृष्टि से ओक्काक की ओर देखता है।)

महामात्य : *(राजपुरोहित से)* आगे बोलिए!

राजपुरोहित : *(ओक्काक से)* कहिए... मैं *(शीलवती की ओर संकेत-सहित)* आपको आज की रात के लिए— सूर्य की अन्तिम किरण से सूर्य की पहली किरण तक, उपपति चुनने का अधिकार देता हूँ।

(विराम।)

राजपुरोहित : कहिए महाराज!

(विराम।)

महाबलाधिकृत : *(और पास आ जाता है)* कह दीजिए!

(विराम।)

महामात्य : *(अधिक निकट आते हुए, ठंडे स्वर में)* समय हो रहा है, महाराज!

ओक्काक : *(तीनों की ओर देखता है। घूँट-सा भरकर)* अधिकार देता हूँ।

राजपुरोहित : कृपया पूरा वाक्य कह दीजिए!

ओक्काक : *(यकायक फूट पड़ता है)* कह तो दिया है। *(झपटकर कोष्ठ के पास जाता है। चषक में मदिरा ढालता है। गटागट पीने लगता है।)*

शीलवती : *(तीनों से)* आप लोग घड़ी भर के लिए...

(तीनों का प्रस्थान। शीलवती जयमाला चौकी पर रखकर पास आती है।)

शीलवती : आर्यपुत्र!

ओक्काक : *(मुड़ता है। शीलवती की ओर देखता है। करुण भाव से मुस्कराता है)* अब यह सम्बोधन नहीं... आज के लिए इसका पात्र दूसरा है। *(फिर चषक मुँह से लगा लेता है। नेपथ्य में वाद्य-ध्वनि कुछ ऊँची होकर मन्द हो जाती है)* सुन रही हो इन मंगलवाद्यों को? ...इन ध्वनि-तरंगों में कितने आकुल हृदयों की उमंगें हैं। ...कहते हैं, बहुत दूर-दूर से आये हैं लोग— प्रत्याशी बनकर... सुना है, एक-एक दिन में पचास-पचास योजन की दूरी मापनेवाले धावकों का जाल बिछा दिया गया था... मल्लराज्य के इस छोर से उस छोर तक, एक नागरिक ऐसा नहीं बचा, जिस तक यह घोषणा न पहुँची हो। *(शीलवती की ओर देखता है)* तुमने सुनी थी न?

शीलवती : क्यों बार-बार इसी बात को लेकर... ?

ओक्काक : *(आगे बढ़ जाता है)* क्यों नहीं सुनी होगी? ...राजधानी में तो पिछले सप्ताह एक-एक गली, एक-एक मार्ग, एक-एक उद्यान, एक-एक क्रीड़ागृह...

शीलवती : *(पास आते हुए)* ओक्काक... !

ओक्काक : *(विह्वल होकर)* कहने दो न मुझे! मेरे तो जैसे कानों में भर गयी है वह उद्घोषणा... साँसों की गति और रुधिर की धारा में घुल-मिल गयी है... ऐसे समा चुकी है मेरी चेतना में कि अब सोते-जागते, उठते-बैठते, चलते-फिरते... *(यकायक ठिठक जाता है। आतंक से)* सुनो... सुनो... फिर उभरा वह स्वर... फिर... ।

(नेपथ्य में नगाड़े की ध्वनि। फिर उद्घोषक का स्वर... 'मल्लराज्य के हर नागरिक को... सूचना दी जाती है... कि आज से ठीक एक सप्ताह बाद... पूर्णमासी की सन्ध्या को... राजमहिषी शीलवती... धर्मनटी बनकर... राजप्रांगण में उतरेंगी। मल्लराज्य के हर नागरिक को... प्रत्याशी बनकर... पधारने का आमन्त्रण है। राजमहिषी शीलवती... अपनी इच्छा के अनुसार... किसी भी नागरिक को... एक रात के लिए... सूर्य की अन्तिम किरण से... सूर्य की पहली किरण तक... उपपति के रूप में चुनेंगी।' नगाड़े की ध्वनि। विराम।)

ओक्काक : *(किंचित् रोष से)* तुम्हें मालूम है, यह आलेख किसने तैयार किया है? ...मैं कल ही अमात्य-परिषद् में प्रस्ताव रखूँगा कि उस व्यक्ति को तुरन्त निकाल बाहर किया जाए। ...*(बलपूर्वक)* उसने एक भयंकर भूल की है... अपनी इच्छा के अनुसार किसी भी नागरिक को... हँ, नागरिक! ...नागरिक तो शिखंडी भी था।...

यहाँ होना चाहिए, किसी भी पुरुष को चुनेंगी... *(यकायक ठिठककर)* नहीं, पुरुष तो मैं भी हूँ। *(शीलवती की ओर देखते हुए, घुटे हुए क्रोध से)* सही होगा— सम्पूर्ण पुरुष... पुंसत्ववाला पुरुष...।

शीलवती : *(पास आ जाती है)* ओक्काक... देखो, सँभालो अपने आपको... यह परीक्षा की घड़ी है।

ओक्काक : हाँ... मेरी परीक्षा... मेरी सहनशक्ति की... मेरे आत्मसम्मान की...?

शीलवती : *(कुछ आवेश में)* तुम उसमें अकेले नहीं हो। मैं भी तुम्हारे साथ हूँ।

ओक्काक : हाँ... तभी एक सप्ताह से तुम्हारे दर्शन भी नहीं हुए। जिस दिन से घोषणा प्रारम्भ हुई थी, ठीक उसी दिन से...!

शीलवती : *(करुण स्वर में)* मैं तुम्हारे सामने कैसे आ सकती थी? ...मुझे अपने-आपको तैयार करना था... सारे संस्कारों के जाल छिन्न-भिन्न करके, मूल्यों और मर्यादाओं को तोड़कर, अपना पूरा मनोबल इकट्ठा करके मुझे आज की इस घड़ी तक पहुँचना था। उसके लिए दूरी आवश्यक थी, अनिवार्य थी।

ओक्काक : *(हल्के से मुस्कराता है)* तो अब तुम तैयार हो?

शीलवती : ...हूँ!

ओक्काक : *(अर्थपूर्ण स्वर में)* किसके लिए?

(विराम।)

शीलवती : धर्मनटी... अपने धर्म के पालन के लिए...।

ओक्काक : *(खाँसकर)* सोच लिया है, अपने अंकशायी होने का सौभाग्य कैसे पुरुष को दोगी?

शीलवती : *(स्थिर दृष्टि से ओक्काक की ओर देखती है। कुछ रुककर)* इस तरह क्यों बोल रहे हो?

ओक्काक : *(कृत्रिम आश्चर्य से)* किस तरह बोल रहा हूँ?

शीलवती : इसमें मेरा तो कोई दोष नहीं।

ओक्काक : मैंने कहा क्या है? ...सीधा-सादा प्रश्न पूछ रहा हूँ कि प्राथमिकता किसे दोगी? ...स्वास्थ्य को... या सौन्दर्य को... या रंग को...?

शीलवती : *(कुछ विह्वल होकर)* तुम जानते हो ओक्काक... मैंने स्वीकार कर लिया था।

ओक्काक : (गम्भीर हो जाता है) क्या?

शीलवती : *(उसी प्रकार)* तुम्हें... तुम्हारी... *(अटक जाती है)* तुम जैसे भी हो, जो भी हो।

ओक्काक : *(ठंडे स्वर में)* धन्यवाद।

शीलवती : *(झुँझलाकर)* अब मेरा यह मतलब नहीं था, जो तुमने लगा लिया है।... *(नर्मी से)* मैं तो यह कहना चाहती थी कि... मैंने जीवन के इस रूप को अपना लिया था... *(तुरन्त)* अपना लिया है... और कभी नहीं सोचा था कि... ऐसी कोई बात भी हो सकती है। ...वर्ष पर वर्ष बीतते गये... ऋतुओं पर ऋतुएँ... और स्वीकार की लकीर और गहरी होती गयी... फिर अब इस तरह उस सारे ढाँचे को तोड़-फोड़कर... नये सिरे से... *(अपने को सँभालने का यत्न करती है)* देखो, आज की रात हम दोनों एक ही संग्राम के योद्धा हैं। बस, हमारा क्षेत्र अलग है, चुनौती अलग है।

ओक्काक : *(तीव्र स्वर में)* नहीं... बहुत अन्तर है दोनों में।

शीलवती : *(बलपूर्वक)* नहीं... तुम यहाँ सारी रात जागोगे, मैं वहाँ सारी रात जागूँगी। ...वही अपमान और लज्जा और ग्लानि... वही चिन्ता और घुटन और घबराहट...!

ओक्काक : *(हल्की मुस्कान से)* क्यों? ...घबराहट क्यों?

शीलवती : कैसी बात करते हो! ...जानते नहीं, अन्त:पुर की मुझ जैसी स्त्री के लिए क्या विशेषण देते रहे हैं तुम्हारे

कविजन?... असूर्यस्पर्श्या... सूर्य की किरणों ने भी जिसका स्पर्श नहीं किया हो! ...वही स्त्री हाथों में जयमाला लिए राजप्रांगण में उतरेगी— सहस्रों दृष्टियों का केन्द्र बनी, और एक रात के लिए किसी पुरुष के साथ चली जाएगी, जिसे उसने कभी देखा नहीं, जिसके सम्बन्ध में वह कुछ नहीं जानती... और उसे अपना शरीर समर्पित कर देगी— अपना रूप, अपना यौवन, अपना कौमार्य...!

ओक्काक : *(आहत होकर)* अपने कौमार्य पर जितना दुख तुम्हें है, उतना ही मुझे भी।

शीलवती : *(झुँझलाकर)* ओऽऽ ह, मैं क्या करूँ, कहाँ जाऊँ... हर बात का वह अर्थ क्यों लगाते हो, जो मेरा अभिप्रेत नहीं है? ...मैं तो यह कहना चाहती थी कि... *(कोमलता से)* देखो, मैंने तुम्हें बताया था अपने उस पड़ोसी-दम्पती के बारे में... उनकी आयु ढल चुकी थी। सम्बन्धों के उस रूप में अब शरीर नहीं आता था। लेकिन वे सन्तुष्ट थे, सुखी थे। क्यों? ...शायद कोई दूसरी बात थी, और गहरी, और महत्त्वपूर्ण... एक-दूसरे के व्यक्त्वित्व की अनुरूपता, व्यक्तित्व की समझ, स्वभाव का माधुर्य, रुचियों की समानता...।

ओक्काक : *(क्रूर हँसी से)* किसे छल रही हो? ...मुझे या अपने-आपको?

शीलवती : *(तीव्र स्वर में)* तुमसे तो बात करना भी पाप है।

ओक्काक : *(फूट पड़ता है)* हाँ, हाँ... पाप है सब कुछ... मुझसे बात करना... मेरे साथ रहना... मेरे साथ सोना...!

(भड़ककर दायें द्वार से जाने लगता है। बायें द्वार से निःशब्द महामात्य का प्रवेश। दोनों उसे नहीं देख पाते।)

शीलवती : *(आवेश से)* मैं तुम्हें सँभालूँ या अपने-आपको... ?

(ओक्काक का प्रस्थान। महामात्य कुछ आगे आ जाता है।)

महामात्य : *(धीमे स्वर में)* महादेवि!

शीलवती : *(बिना उसकी ओर ध्यान दिये एक ओर बढ़ जाती है)* समझ में नहीं आता... क्या करूँ, क्या न करूँ... ?

महामात्य : *(दुःख से)* महाराज की चिन्ता आप छोड़ दें। वे समझना नहीं चाहते, इसलिए उनके लिए कोई कुछ नहीं कर सकता— चाहे, तब भी नहीं।

शीलवती : *(तीव्र स्वर में)* और मेरे लिए कोई क्या कर सकता है?

महामात्य : *(चौंककर)* महादेवि!

शीलवती : *(रुककर कुछ अन्तर्मुख-सी)* सोचती हूँ और काँप-काँप जाती हूँ। ...एक अनजाना भवन, ...उस भवन का शयनकक्ष... उस शयनकक्ष की शैया... उस शैया पर... *(विराम)*। *(करुण मुस्कान से)* वेश्याओं के मनोबल की जितनी सराहना की जाय, कम है।

महामात्य : यह आप क्या कह रही हैं, महादेवि?

शीलवती : *(उसी प्रकार)* बिल्कुल पहली ही भेंट और उसी में सबसे आत्मीय सम्बन्ध... विकटता की चरम सीमा... भग्नता का अन्तिम सोपान... !

(विराम।)

महामात्य : महादेवि! स्थिति का सामना आपके लिए सरल हो जाएगा, अगर आपकी दृष्टि केवल अपने लक्ष्य की ओर हो। *(हल्की मुस्कान से)* अर्जुन ने द्रोणाचार्य से कहा था, मुझे मछली की केवल दायीं आँख दिखाई दे रही है।

शीलवती : मैं समझी नहीं।

महामात्य : नारीत्व की सार्थकता किसमें है?... *(विराम)* क्या आपको अपना यह अभाव नहीं कसकता? ...क्या

आपके मन में कभी यह इच्छा नहीं जागती कि आपके कक्ष में एक शिशु किलकारी मारता हुआ दौड़े? दर्पण जैसे स्वच्छ फर्श में अपनी परछाईं देखकर चमत्कृत हो? ...हँसे, तो पल्लव-से कोमल अधरों के पीछे नन्हे-मुन्ने दाँत चमकें... रोये, तो आँखों से मोती-जैसे आँसू झरें... अपनी तोतली बोली में आपको पुकारे, तो उस नाम को सुनकर आपकी चेतना का एक-एक तार झंकृत हो उठे... वह सम्बोधन, जो— कहें तो कह सकते हैं कि अब तक की सारी मानवीय सभ्यता और संस्कृति का बीज है...।

शीलवती : *(विह्वल होकर)* महामात्य...! *(अपने को सँभालने का यत्न करती है।)*

महामात्य : धृष्टता क्षमा, महादेवी... आप भावना के दोनों ही छोरों पर अकेली खड़ी हैं। एक अभाव को तो अब नहीं भरा जा सकता, लेकिन जहाँ तक दूसरी कमी का प्रश्न है... आपको तो— धृष्टता क्षमा— सन्तुष्ट होना चाहिए कि संयोग से आपके सामने ऐसा रास्ता खुल गया है... कि मर्यादा को भंग किये बिना आपको सन्तान जैसी निधि मिल सकती है।

शीलवती : *(हिचकिचाते हुए)* लेकिन फिर भी... यह बहुत कठिन है कि...

महामात्य : अपने मन को पक्का कीजिए, यह सोचकर कि केवल एक रात का प्रश्न है। सूर्यास्त के साथ जा रही हैं, सूर्योदय के साथ लौट आएँगी।

शीलवती : एक स्त्री की दृष्टि से आप नहीं देख सकते। ...बिल्कुल अजनबी पुरुष के साथ...!

महामात्य : स्वीकार करता हूँ आपका उद्वेलन... लेकिन यों सोचें कि बस, एक प्रक्रिया में से निकलने-भर की बात है— औपचारिकता, एक खानापूरी... उन कुछ क्षणों

के लिए अपने-आपको बिल्कुल भूल जाएँ... पलकें मूँद लें, कान बन्द कर लें... बिल्कुल ढीला छोड़ दें शरीर को... पाँचों इन्द्रियों को अचेतन करके भावतन्त्र को निर्जीव बना लें... और मन की आँखों से लगातार केवल भावी परिणाम की ओर देखें... अबोध मुद्रा, घुँघराली अलकें, दूधिया दाँत... नारीत्व की सार्थकता... मातृत्व की तृप्ति...!

(शीलवती सम्मोहित-सी महामात्य की ओर देखती है। वह तनिक झुककर द्वार की ओर संकेत करता है। आगे-आगे शीलवती और पीछे-पीछे महामात्य का प्रस्थान। नेपथ्य में वाद्यों की ऊँची-नीची लय।)

[ओक्काक का प्रवेश। इधर-उधर देखता है। मदिराकोष्ठ तक पहुँचता है। एक चषक भरता है। उठाता है। यकायक वाद्य-ध्वनि विलुप्त हो जाती है। ओक्काक ठिठक जाता है। गवाक्ष की ओर देखता है, बढ़ता है, बीच में रुक जाता है, जैसे कुछ वर्जनीय, लज्जाजनक करने जा रहा हो। महत्तरिका का प्रवेश। हाथ में कटोरी।]

महत्तरिका : महाराज! आपके सिर में पीड़ा थी। ...दबा दूँ? यह लेप लगा दूँ?

ओक्काक : ठीक हूँ अब।

(नेपथ्य में हल्का-सा कोलाहल। महत्तरिका कटोरी चौकी पर रख देती है। ओक्काक चषक के कुछ घूँट लेता है। दो-तीन बार महत्तरिका की ओर देखता है। दृष्टि मिलने पर झेंप-सा जाता है)

ओक्काक : *(दूसरी ओर देखते हुए)* तनिक देखो तो... क्या हो रहा है यहाँ...!

महत्तरिका : *(गवाक्ष तक जाती है। देखती रहती है)* राजप्रांगण नागरिकों से भरा पड़ा है। ...सैनिक उन्हें आगे बढ़ने से रोक रहे हैं। ...*(विराम)* मंडप के बीचोबीच मल्लराज्य की ध्वजा लहरा रही है। पास ही महामात्य खड़े हैं। उनके दायीं ओर राज-पुरोहित। बायीं ओर महाबलाधिकृत। पीछे अमात्य-परिषद् के सदस्य। ...आसपास ऊँचे कर्मचारी... सम्भ्रान्त नागरिक... प्रत्याशी दो पंक्तियों में आसनों पर बैठे हैं। ...सबकी दृष्टियाँ महादेवी पर लगी हैं। *(विराम)* महादेवी हाथों में जयमाला लिये आगे बढ़ रही हैं— मन्द-मन्थर गति से... किसी के सामने तनिक ठिठकती हैं, तो परिचारिका तुरन्त कान में उसका परिचय देती हैं। *(विराम)* महादेवी अनमने भाव से आगे बढ़ी जा रही हैं। तोरण पर तोरण, स्तम्भ पर स्तम्भ पीछे छूटते जा रहे हैं। ...सबकी आँखें महादेवी पर लगी हैं, लेकिन वे जैसे देखते हुए भी किसी को नहीं देख रही हैं। *(विराम)* बायीं पंक्ति पूरी हो गयी। ...महादेवी मुड़ गयी हैं। ...दायीं ओर आ रही हैं। *(विराम)* कैसा गहरा मौन है! ...जैसे राज-प्रांगण न हो, श्मशानभूमि हो। ...*(विराम)* राजद्वार पर एक रथ आकर रुका है। उसमें से एक व्यक्ति उतरा है।... मंडप की ओर आ रहा है।

ओक्काक : *(हल्की मुस्कान से)* कोई प्रत्याशी होगा!

महत्तरिका : *(कुछ रुककर)* नागरिकों के समूह को चीरकर वह शीघ्रता से आगे बढ़ रहा है। ...कुछ कोलाहल होने लगा है। ...महामात्य इत्यादि भीड़ में उसी ओर देख रहे हैं। ...महाबलाधिकृत यह जानने के लिए बढ़ने लगे हैं... कि क्या बात है... महादेवी भी दायीं पंक्ति के बीच में रुक गयीं। ...एक सैनिक ने उस व्यक्ति को रोकने का प्रयास किया। ...वह उससे कुछ कहकर...

फिर आगे आने लगा है। *(विराम/ आवेश में)* अरे, वह तो बिल्कुल पास आ गया...दोनों पंक्तियों के बीच में! *(विराम)* महादेवी बिल्कुल स्तब्ध खड़ी हैं। वह भी उनको एकटक देख रहा है। ...*(ओक्काक से)* आइए न... इधर आइए...!

ओक्काक : *(व्यग्र होकर)* नहीं, नहीं... तुम्हीं बताओ... आगे क्या हुआ?

महत्तरिका : महादेवी...! *(अटक जाती है)*

ओक्काक : *(कुछ बढ़कर)* क्या हुआ आगे?

महत्तरिका : (धीरे-धीरे) अब मैं इस व्यक्ति को पहचान पा रही हूँ।

ओक्काक : कौन है... कौन है वह?

महत्तरिका : *(ओक्काक की ओर देखती है)* आर्य प्रतोष।

(नेपथ्य से ऊँचा कोलाहल)

ओक्काक : *(विह्वल होकर)* क्या हुआ? ...क्या हुआ वहाँ?

(महत्तरिका के होंठ हिलते हैं, पर कोलाहल के कारण कुछ सुनाई नहीं देता।)

ओक्काक : *(ऊँचे स्वर में)* बोलो न... क्या हुआ?

(कोलाहल यकायक थम जाता है। महत्तरिका एकटक ओक्काक की ओर देखती है।)

महत्तरिका : *(धीमे स्वर में)* महादेवी ने आर्य प्रतोष के गले में जयमाला डाल दी।

(धीरे-धीरे अन्धकार होने लगता है।)

दूसरा अंक

मंच एवं समय-सन्दर्भ

शयनकक्ष

रात्रि के विभिन्न प्रहर

दूसरा अंक

[पक्षी की बोली। मंच का मध्यवर्ती भाग आलोकित होता है, जहाँ ओक्काक हाथ पीछे बाँधे धीरे-धीरे टहल रहा है। फिर बारी-बारी से कक्ष के अन्य भाग आलोकित होते हैं, सबसे बाद में शैया। फिर एक सम्पूर्ण प्रकाश-व्यवस्था मंच पर छा जाती है। नेपथ्य से, कुछ दूर और पास से क्रमशः तीन पुरुष-स्वर— 'राऽऽत का एऽक मुहूऽर्त बीऽऽत गया...।' महत्तरिका का प्रवेश।]

महत्तरिका : महाराज! रात का एक मुहूर्त बीत गया।

ओक्काक : *(मुड़कर देखता है। धीरे-धीरे)* एक मुहूर्त? ...अभी तक—केवल एक?... घटिका में केवल दो बार जल भरा? केवल दो बार वह रीती?... *(कुछ तीव्र स्वर में)* नहीं! अवश्य कहीं कोई प्रमाद हुआ है। ...समय-सूचकों को तुरन्त यहाँ बुलाओ।

महत्तरिका : *(कुछ रुककर, नर्मी से)* नहीं, महाराज! कहीं कोई त्रुटि नहीं है। ...अभी रात बीती ही कितनी है! ... *(गवाक्ष के पास आ जाती है)* आप स्वयं आकर देखें, पश्चिमी आकाश में अभी भी लालिमा के कुछ छींटे हैं।

ओक्काक : *(अपने को सँभालकर)* अच्छा? ... *(धीरे-धीरे)* और इतनी देर में मैंने अपना जीवन... जैसे नये सिरे से जी लिया।

(विराम।)

महत्तरिका : *(अनुरोध से)* महाराज! ... थोड़ा-सा कुछ ग्रहण कर

लेते... शरीर का पालन तो करना ही होता है।

ओक्काक : *(किंचित् आवेग से)* कुछ नहीं होगा, महत्तरिका, कुछ नहीं होगा। ...जीवन बहुत निर्लज्ज है। ... *(आगे जाते हुए, कुछ अपने-आप से ही)* होने से पहले आदमी कितना सोचता है, कितना तड़पता है... कि ऐसा कैसे होगा, क्योंकर होगा... मैं सह नहीं पाऊँगा, मैं टूट जाऊँगा, चूर-चूर हो जाऊँगा... *(करुण मुस्कान से)* और फिर उठ खड़ा होता है, चाभी के खिलौने के समान ... *(विराम। मुड़ता है)* क्या देख रही हो नीचे?

महत्तरिका : *(धीरे-धीरे)* ख़ाली मंडप... हवा में धीरे-धीरे लहराते हुए तोरण और बन्दनवार... स्तम्भों से लिपटी हुई पुष्पमालाएँ— जहाँ-तहाँ टूटी हुईं... एक-दो लुढ़के हुए मंगलकलश... *(विराम)* सब कुछ मौन... स्तब्ध... !

ओक्काक : *(करुण मुस्कान से)* उत्सव के बाद का सूनापन।

(मदिराकोष्ठ तक आता है। एक चषक भरता है। पीता है। प्रतिहारी का प्रवेश।)

प्रतिहारी : महाराज! गुप्तचर बहुत देर से प्रतीक्षा कर रहे हैं। ...क्या उन्हें आने की आज्ञा मिलेगी?

ओक्काक : हाँ! *(प्रतिहारी का प्रस्थान। ठंडी साँस लेकर)* आज की रात कुछ नहीं... *(विकृत ढंग से हँसता है)* अब कुछ भी गोपनीय नहीं। *(दो-तीन घूँट लेता है)* महत्तरिका!

महत्तरिका : महाराज!

ओक्काक : कौटिल्य ने रात को आठ भागों में बाँटा है, राजा के लिए... *(बीच की ओर आते हुए)* पहले भाग में गुप्तचरों से बातचीत... दूसरे में स्नान, भोजन और स्वाध्याय... तीसरे में अन्त:पुर में प्रवेश... चौथे और पाँचवें में शयन... छठे में निद्रा का त्याग... सातवें में फिर गुप्तचरों से मन्त्रणा... आठवें में राज-पुरोहित आदि के साथ

स्वस्तिवाचन... *(विराम)* लक्ष्य किया है तुमने कि कौटिल्य कितना चतुर था!... या बहुत अच्छा ज्योतिषी था, या बहुत दूरदर्शी था... ?

महत्तरिका : *(रोकने की चेष्टा में)* महाराज... !

ओक्काक : *(किंचित् उन्मादी-सा)* उसने ओक्काक को कितने कौशल से बचा लिया? ...*(उँगलियों पर गिनते हुए)* अन्तःपुर में प्रवेश? ...ओक्काक करता है! ...शयन? ...ओक्काक करता है! ...निद्रा का त्याग? ... ओक्काक करता है! ... *(मुस्कराकर)* देखा? ...कोई मुझ पर उँगली नहीं उठा सकता... *(यकायक)* मुझे कौटिल्य के प्रति अपना आभार व्यक्त करना चाहिए। ...बोलो! ...क्या करूँ? ...कैसे करूँ? ...उसके नाम पर किसी प्रासाद का नामकरण कर दूँ? उसके नाम पर किसी उद्यान का वृक्षारोपण कर दूँ? नगर के सबसे मुख्य चौराहे पर उसकी भव्य प्रतिमा स्थापित करवा दूँ?

महत्तरिका : *(कुछ विह्वल-सी)* महाराज! अगर कुछ ग्रहण नहीं करना चाहते, तो विश्राम ही कीजिए। नींद आ जाएगी, तो...

ओक्काक : नींद? ...*(करुण मुस्कान सहित)* महत्तरिका! आज की रात तो मुझे मृत्यु भी नहीं आएगी। *(मदिराकोष्ठ तक आता है। चषक भरता है। कुछ घूँट लेता है। बिना मुड़े हुए)* तुम जाओ अपने घर, अपने पति के पास... मेरे लिए क्यों उनकी निकटता से वंचित रहो?

महत्तरिका : वे आज यहाँ नहीं हैं, महाराज! किसी राजकीय काम से श्रावस्ती भेजे गये हैं।

ओक्काक : ओह...! *(विराम। मुड़कर)* अगर होते, तो क्या आज की रात... ?

महत्तरिका : महाराज... ! *(सिर झुका लेती है)*

ओक्काक : बताओ मुझे! ...संकोच मत करो। *(विराम)* महत्तरिका!

महत्तरिका : *(आँखें झुकाए हुए)* कह नहीं सकती।

ओक्काक : क्यों?

महत्तरिका : *(शीघ्रतापूर्वक)* मेरा मतलब है, कुछ निश्चित नहीं रहता।

ओक्काक : क्यों?

महत्तरिका : कई बातों पर निर्भर करता है।

ओक्काक : जैसे?

(विराम।)

महत्तरिका : मेरी या उनकी मन:स्थिति... कार्य की अधिकता या कमी... थकान...।

(विराम।)

ओक्काक : और?

(विराम।)

महत्तरिका : मेरी शारीरिक अवस्था...।

ओक्काक : और?

महत्तरिका : बच्चों को लेकर हमारा निश्चय...।

ओक्काक : तुम्हारे अभी कोई सन्तान नहीं है न?

महत्तरिका : नहीं।

ओक्काक : ऐसा क्यों?

महत्तरिका : हम अपनी योजना के अनुसार चल रहे हैं।

ओक्काक : सो क्या?

महत्तरिका : किसी आकस्मिक आपत्ति के लिए पर्याप्त द्रव्य... अपना भवन, उसमें सारी सुविधाएँ... अपना रथ... इत्यादि।

(विराम।)

ओक्काक : महत्तरिका! ...आज की जैसी रातें सप्ताह में कितनी होती हैं? ...और कितनी नहीं होतीं?

महत्तरिका : *(आर्त स्वर में)* महाराज! ... आप तनिक सोचिए तो... ।

ओक्काक : *(कुछ ठहरकर)* जानता हूँ, महत्तरिका। यह सब तुम्हारी व्यक्तिगत बातें हैं और मेरा तुमसे कुछ भी पूछना अनुचित है। ...लेकिन तुम्हें नहीं मालूम, यह सब जानने के लिए मेरा मन कितना आकुल रहता है...! मेरा कोई मित्र नहीं, कोई अन्तरंग नहीं। राजसिंहासन एक अदृश्य दीवार है, जिसे लाँघकर न मैं उस ओर जा सकता हूँ, न उस ओर से कोई इस ओर आ सकता है। ...मैं किसी के अनुभवों से लाभ नहीं उठा सकता, किसी को अपने भेदों का भागीदार नहीं बना सकता, किसी से अपना दुःख नहीं बाँट सकता।

(विराम)

महत्तरिका : शारीरिक सम्बन्धों की संख्या का कोई सामान्य नियम नहीं है। दम्पती विशेष के अनुसार वे बदलते रहते हैं। ...जहाँ तक हमारी बात है, ब्याह के बाद प्रारम्भ में संख्या अधिक थी। अब घटकर स्थिर हो गयी है... सप्ताह में प्रायः तीन बार...!

ओक्काक : पहल कौन करता है?

महत्तरिका : *(सलज्ज स्मित से)* स्वाभाविक है कि पति।

ओक्काक : कभी तुमने नहीं की? ...*(विराम)* बोलो...!

महत्तरिका : बहुत कम। ...और जब की, तो पति ने महीनों चिढ़ाया।

(विराम।)

ओक्काक : पति और पत्नी के बीच यह सम्बन्ध... तुम्हें कुछ विशेष लगता है?

महत्तरिका : *(कुछ रुककर)* मैं समझी नहीं।

ओक्काक : और सब बातों से अलग... *(महत्तरिका फिर भी प्रश्नसूचक दृष्टि से देखती है)* मान लो... यों कहूँ कि ...जैसे...सप्ताह में सात दिन होते हैं...और रविवार को

चाहे आदमी अपने घर से न निकले, लेकिन फिर भी उसकी दिनचर्या शेष छः दिनों से कुछ विशेष होती है... या दूसरी ओर जैसे महीनों की एकरसता के बाद कोई त्योहार आ जाता है... अर्थात् कुछ महत्त्वपूर्ण... इसी तरह क्या यह सम्बन्ध भी कुछ विशेष, कुछ महत्त्वपूर्ण है?

महत्तरिका : निःसन्देह...।

ओक्काक : कैसे?

महत्तरिका : *(तनिक सोचकर)* निकटता की अन्तिम सीमा है।

ओक्काक : क्या ब्याह के बाद पहली ही रात को...?

महत्तरिका : *(लज्जालु मुस्कान-रेखा से)* हाँ। ...लेकिन यह कुछ दिनों तक ही त्योहार रहता है। बाद में रविवार हो जाता है।

ओक्काक : *(कुछ अपने-आप से ही)* लेकिन रविवार फिर भी छः दिनों से अलग है। *(विराम)* अच्छा मान लो, कहीं कुछ ऐसी बात होती है कि... कोई दुर्घटना या कुछ और...कि तुम्हारे और विराज के बीच यह सम्बन्ध नहीं रहता, तो क्या इस बात की सम्भावना है कि तुम किसी तरह धीरे-धीरे...?

महत्तरिका : *(मन्द स्मित से)* ऐसा कैसे हो सकता है!

ओक्काक : *(कुछ रुककर)* वास्तविकता की बात मैं नहीं कर रहा... लेकिन तनिक कल्पना करो, पल-भर के लिए मान लो कि...

महत्तरिका : कल्पना बहुत कठिन है, महाराज! मैं तो सपने में भी नहीं सोच सकती कि...

ओक्काक : *(ठंडे स्वर में)* कुछ भी असम्भव नहीं होता, महत्तरिका...! *(विराम। अतिरिक्त कोमलता से)* पर इस बात का कुछ और अर्थ मत लगाना। तुम जानती

हो कि तुम दोनों पर मेरा कितना स्नेह है... तुम लोगों का कितना शुभाकांक्षी हूँ!

महत्तरिका : जानती हूँ महाराज! कृतज्ञ हूँ उसके लिए...और मैं भी आपको ठेस नहीं पहुँचाना चाहती थी। ...मेरा मतलब यह था कि ...वह सब इतना स्वाभाविक है, दिनचर्या का इतना सहज अंग है...कि यकायक ऐसी कोई बात सोचकर...उसकी प्रतिक्रिया की कल्पना करना...

(पक्षी की बोली।)

ओक्काक : कैसी ध्वनि है यह?

महत्तरिका : चक्रवाक पक्षी है, महाराज! ...महादेवी के हाथ से मृणाल का रस नहीं मिला, उनका स्वर नहीं सुना, इसलिए व्याकुल है।

ओक्काक : ओह...! *(गवाक्ष तक आ जाता है। धीरे-धीरे)* चारों जागेंगे सारी रात... चक्रवाक... मैं... कुमुदनी... और चन्द्रमा।

(मंच का प्रकाश क्रमशः मन्द होते हुए बुझ जाता है—केवल गवाक्ष पर चन्द्र-किरणों-सा बहुत धूमिल आलोक रहता है।)

(विराम।)

[मंच पर धीरे-धीरे प्रकाश होता है। ओक्काक एवं महत्तरिका के स्थान पर क्रमशः शीलवती और प्रतोष दिखाई देते हैं।]

शीलवती : *(धीरे-धीरे)* कभी विषकन्या के बारे में सुना था...कि कैसे बचपन से ही उसे तनिक-तनिक विष देकर तैयार किया जाता है।...मैं क्या थी? ...इतना बड़ा परिवार और पिता की सीमित आय... अभाव... वंचना...

दरिद्रता... दुःख... *(क्षणिक विराम)* न पाने की कुढ़न...न होने की कड़वाहट... न मुस्कराने की कचोट... न हँसने की घुटन... दूसरों के प्रति आक्रोश, अपनों के लिए क्रोध, स्वयं से घृणा... मुझे बिल्कुल प्रारम्भ से ही नियमित रूप से यह सब मिल रहा था— कुछ चौथाई तोला, कुछ आधा माशा, कुछ एक रत्ती... अब अगर नये घर में भी मुझे केवल चार भित्तियाँ और एक छत और दो जून रूखा-सूखा मिलता, तो क्या मेरी प्रकृति का विषैलापन अपना प्रभाव नहीं दिखलाता?

प्रतोष : *(हल्के व्यंग्य से)* तो राजमहल में जाकर यह विष...?

शीलवती : *(आत्मलिप्त-सी)* सब उड़ गया धीरे-धीरे— कपूर की तरह... इतने सुख और इतनी सुविधाएँ और इतना वैभव और ऐसी सत्ता... मेरे झुलसते मन-प्राण पर चन्दन-गन्ध के समान छाता गया सब कुछ... यहाँ इच्छाओं का अन्त था, लेकिन साधनों का नहीं। यहाँ अभिलाषाओं की सीमा थी, पर सम्पत्ति की नहीं।

(विराम।)

प्रतोष : *(अर्थपूर्ण स्वर में)* ब्याह से पहले तुम्हें मालूम था कि... तुम्हारे पति...?

शीलवती : नहीं।

(विराम।)

प्रतोष : अगर मालूम होता, तो क्या निर्णय में... परिवर्तन की कोई सम्भावना... थी?

शीलवती : *(तनिक सोचकर)* ऊँह, छोड़ो... जो बीत गया, उसे लेकर उलझने से क्या लाभ! *(प्रतोष की ओर देखती है। हल्की मुस्कान से)* कुछ अपने बारे में बतलाओ। ...सुना है, बड़े सम्पन्न व्यापारी हो गये हो।

(विराम।)

प्रतोष : *(धीरे-धीरे)* हाँ... तुम्हारे ब्याह के साथ जब जाना कि

कहीं कोई आस्था, कोई विश्वास नहीं है; कोई मूल्य, कोई सिद्धान्त नहीं है, अगर कुछ है तो केवल मुद्रा—व्यक्तिगत सुख की खोज... तो बस, फिर सारे मनोबल से जुट गया उसी के संग्रह में... सुबह और दोपहर, अपराह्न और सन्ध्या, रात और दिन केवल एक धुन, केवल एक धुन, केवल एक चिन्ता, केवल एक लक्ष्य... तब जाना कि अर्थ का अर्जन उतना कठिन नहीं है... बस, तन और मन का पूरा समर्पण चाहता है... *(शीलवती की ओर देखकर मुस्कराता है)* और इस तरह मैं मुद्राराक्षस बन गया।

(विराम।)

शीलवती : सुखी हो?

प्रतोष : तुम सुखी हो?

शीलवती : *(एक ओर बढ़ जाती है)* मैंने तुमसे पूछा है।

प्रतोष : तो दु:खी भी नहीं हूँ। ...वैभव बहुत-कुछ दे देता है, और जो नहीं दे पाता, वह उतना महत्त्वपूर्ण नहीं लगता।

(विराम।)

शीलवती : ब्याह क्यों नहीं किया?

प्रतोष : *(कृत्रिम आश्चर्य से)* यह क्या होता है?

शीलवती : *(झेंप जाती है। अपने को सँभालकर)* व्यक्तिगत सुख की खोज में... क्या ब्याह नहीं आता?

प्रतोष : तुम्हीं बताओ... आता है क्या?

शीलवती : सुनते तो हैं।

प्रतोष : साधन बनकर न! ...उनकी मेरे पास कमी नहीं है। ...रही शरीर की आवश्यकताएँ, सो उनकी पूर्ति के और भी रास्ते हैं। *(शीलवती की ओर देखता है। व्यंग्य-भरे, सूक्ष्म स्मित से)* ...मैं केवल अपनी बात कर रहा हूँ।

(विराम।)

शीलवती : मेरी क्यों नहीं?

प्रतोष : वह तुम्हारी अपनी खोज है।

शीलवती : *(प्रगल्भ मुस्कान से)* प्रारम्भ हो तो गयी है।

प्रतोष : बधाइयाँ!

शीलवती : *(स्थिर दृष्टि से देखती है)* इस तरह से क्यों बोल रहे हो?

प्रतोष : *(कृत्रिम आश्चर्य से)* किस तरह बोल रहा हूँ?

शीलवती : *(ठहरकर)* मैं सोचती थी कि तुम सन्तुष्ट होगे?

प्रतोष : किससे?

(विराम।)

शीलवती : जो कुछ हो रहा है, उससे। ...देखो, ब्याह के बाद मैं... मुझे... (अटक जाती है। क्षणिक विराम) शायद तुम नहीं जानते... मैं अभी तक कुमारी हूँ।

प्रतोष : तुम समझती हो, तुम्हारे कौमार्य में अभी तक मेरी रुचि है?

(विराम।)

शीलवती : मैं तुम्हारी अपराधिनी हूँ।... क्या उसका यह एक प्रतिकार नहीं हो सकता है?

प्रतोष : *(लापरवाही से)* होऽ सकताऽ हैऽऽ... लेकिन एक उससे भी अच्छा है।

शीलवती : *(रुककर)* सो क्या?

(विराम।)

प्रतोष : तुम यहाँ जैसी आयी हो, बिल्कुल वैसी ही वापस जाओ।

शीलवती : *(आतंक से)* अर्थात्?

प्रतोष : मैं तुम्हारा स्पर्श तक न करूँ।

(क्षणिक विराम।)

शीलवती : *(विह्वल होकर)* नहीं... तुम मुझे इतना कठोर दंड नहीं दे सकते, मेरे साथ इतना बड़ा अन्याय नहीं कर सकते...

(झुककर घुटनों के बल बैठ जाती है। उसके दोनों पैर अपनी बाँहों में घेर लेती है, घुटनों से सिर टिका देती है) तुम नहीं जानते... मैंने कितनी यातना सही है!

प्रतोष : *(सन्तुष्ट स्मित से कुछ क्षणों तक शीलवती की ओर देखता रहता है। झुककर)* उठो!

(उठाता है। शीलवती कुछ चमत्कृत-सी है। प्रतोष की ओर देखती है, फिर उसके दोनों हाथों की ओर, जो उसके बाहुमूल थामे हैं। प्रतोष धीरे से अपने हाथ खींच लेता है।)

शीलवती : *(अभिभूत-सी)* कैसा अनोखा-सा है तुम्हारा स्पर्श...!

प्रतोष : *(नासमझी से)* क्या?

शीलवती : *(बाहुमूल की ओर देखते हुए)* कितना उष्ण... जैसे कुछ जीवित...

प्रतोष : *(हल्की मुस्कान से)* कैसी बातें कर रही हो?

शीलवती : *(किंचित् आवेश से)* देखो, अभी तक मेरी त्वचा पर स्पन्दन है...! *(मुग्ध-सी उस स्थान पर अपना कपोल रगड़ती है, अधरों से छूती है। कुछ क्षण बाद आँखें उठाती है। दृष्टि मिलने पर प्रतोष समझने के ढंग से मुस्कराता है, अपनी बाँहें फैलाता है। शीलवती चुपचाप सिमट आती है, उसके सीने पर सिर टिका लेती है। कुछ क्षण बाद मुँह ऊपर उठाती है, प्रतोष झुकने लगता है।)*

(मंच पर धीरे-धीरे अन्धकार होने लगता है—केवल एक प्रकाश-वृत्त शैया पर केन्द्रित रहता है और क्रमशः बहुत हल्के-से आलोकाभास में बदल जाता है।)

[जब वह पुनः तेज़ होता है, तो आलिंगनबद्ध युगल के स्थान पर एक आकृति खड़ी है। एक प्रकाश–वृत्त उस जगह उभरता है, तो मालूम होता है कि वह ओक्काक है— एकटक शैया की ओर देखता हुआ। नेपथ्य से, कुछ दूर और पास से क्रमशः तीन पुरुष–स्वर— 'राऽऽत का एऽक मुहूऽर्त बीऽऽत गयाऽऽ... ।' महत्तरिका का प्रवेश। सम्पूर्ण प्रकाश–व्यवस्था मंच पर छाने लगती है। महत्तरिका हाथ के मदिरापात्र को कोष्ठ पर रखती है। एक चषक भरती है। निकट आती है।]

महत्तरिका : *(धीमे स्वर में)* महाराज! ...*(ओक्काक मुड़ता है। ऐसे देखता है, जैसे पहचानने का प्रयास कर रहा हो)* ...आपने बहुत पुराना आसव माँगा था?

ओक्काक : ओह हाँ... (चषक ले लेता है। गवाक्ष तक आता है। कुछेक घूँट पीता है) कितना सन्नाटा है बाहर... !

महत्तरिका : *(गहरी साँस लेकर)* हाँ... बहुत... ।

ओक्काक : *(धीरे–धीरे)* दिन में कितनी गति, कैसा प्रवाह... और रात में इतना मौन हो जाता है नगर... यहाँ–वहाँ चमकते हुए प्रकाश बिन्दु... और कभी सड़क पर किसी रथ की आहट और घोड़े की टापें... बस... !

महत्तरिका : सो जाता है सब कुछ... महत्त्वाकांक्षाएँ, और सपने, संघर्ष और अन्धी दौड़... !

ओक्काक : *(करुण मुस्कान से)* बहुत कुछ नहीं भी सोता... *(संकेत सहित, किंचित् आह्लाद से)* वह देखो, उस भवन के ऊपर कक्ष में दीप जले। *(गवाक्ष से हट जाता है)* हाल में ही दो अभियोग आये थे न्यायालय में... *(कुछ घूँट लेता है)* व्यापारी नागेश ने बहुत बड़े राजकीय ऋण के लिए अपनी पत्नी का उपयोग किया था। अभियोग अनुदान आयोग के अध्यक्ष पर था, निगरानी समिति

की ओर से... तुमने सुना होगा?

महत्तरिका : हाँ, महाराज!

ओक्काक : दूसरा अभियोग एक गायक की पत्नी की ओर से था, जो वैवाहिक बन्धन से छुटकारा पाना चाहती थी। उसका कहना था कि धनी नागरिक उद्दालक की पत्नी से उसके पति का अनैतिक सम्बन्ध था।... बाद में मालूम हुआ कि उद्दालक की सारी सम्पत्ति वास्तव में उसकी पत्नी की थी और वह उसके संकेतों पर चलता था। *(विराम)*... नागेश... और उद्दालक... आज इन पतियों के साथ मेरी पूरी सहानुभूति है। ... इन बेचारों के जीवन में ऐसी कितनी ही रातें आयी होंगी। *(विराम)*... न्यायाधीश ने अपने निर्णय में इन पतियों के नाम नहीं लिये थे। कहा था कि ये महानुभाव संज्ञाएँ नहीं हैं—ये विशेषण हैं, विशेषण।... (महत्तरिका की ओर देखता है।) जानती हो, कौन-सा? ... *(तीव्र स्वर में)* जो मैं हूँ! ...जो मैं हूँ! *(कोष्ठ तक आकर चषक भरता है। गटगट पी जाता है। फिर कोष्ठ पर कुहनियाँ टिकाये, निढाल-सा खड़ा रहता है। करुण स्वर में)* बेकार हुआ था मेरा नामकरण संस्कार... बेकार है मेरे नाम की राजमुद्रा... बेकार होते हैं मेरे हस्ताक्षर— शिलालेखों पर, ताम्रपट्टों पर, राजादेशों पर...संज्ञा नहीं हूँ मैं! ...विशेषण हूँ, विशेषण!

महत्तरिका : *(व्यग्र-सी)* महाराज! ... *(कुछ अपने से ही)* कैसे आपका ध्यान बँटे... *(क्षणिक विराम)* वीणा बजाऊँ? ...कुछ गाऊँ? नाचूँ?

ओक्काक : *(महत्तरिका की ओर एकटक देखता है। पास आता है। दोनों हथेलियों में उसका चेहरा ऊपर उठाता है। धीरे-धीरे)* कितनी सुन्दर हो तुम! ... ये मदभरी आँखें ...

(उँगली फेरते हुए)... ये रसीले होंठ... *(बाहुमूल थाम लेता है)*... कामना के भीतरी-से-भीतरी रेशे को झुलसा कर राख कर दें— ऐसे दहकते अंग-प्रत्यंग... बौराए हुए हाथी-सा सँभाले न सँभलता हो— ऐसा उन्मादी यौवन... जो अकेले में तुम्हें पा ले, तो मर्यादा की लौह शृंखलाएँ कमलतन्तुओं की तरह चिन्दी-चिन्दी हो जाएँ... *(विक्षिप्त-सा हँसता है। पीछे हटते हुए)* लेकिन तुम्हारा पति निश्चिन्त है, क्योंकि तुम मेरे पास हो। ...इस धरती की किसी भी युवती को मुझसे कोई डर नहीं... जो मेरी आँखों को भाये, वह भी सुरक्षित है... जो मेरी बाँहों में समाये, वह भी सुरक्षित... *(शैया की ओर देखते हुए)* जो मेरी शैया पर आये, वह भी सुरक्षित... *(शैया की ओर बढ़ता है)* संसार-क्रम का यह एक और अकेला चक्र... अनजाना है मेरे लिए... साहित्य-ग्रन्थों के इतने सारे अंश... वाङ्मय के इतने विवेचन... धर्मशास्त्र की वर्जनाएँ... ये बलात्कार... ये आत्मसमर्पण... ये चीरहरण... केवल एक उलझन हैं मेरे लिए, बस, एक पहेली...!

महत्तरिका : *(विह्वल-सी)* महाराज! ...क्यों आप व्यर्थ में...?

ओक्काक : कहने दो मुझे... कह लेने दो *(विराम। अगले संवाद में दो-तीन पंक्तियों के बाद मंच के बायें भाग में अन्धकार छाने लगता है— महत्तरिका विलुप्त हो जाती है)* ... बचपन में ही माता-पिता का देहान्त... मैं गुरुकुल में था और अमात्य-परिषद् मेरे नाम पर शासन चला रही थी। वयस्क होते ही राजधानी बुलाया गया।... राज्याभिषेक... ब्याह की तैयारी... तभी ज्योतिषी ने बतलाया कि मेरे ग्रह बहुत प्रबल हैं और किसी भी राजदुहिता की कुंडली मुझसे नहीं मिल रही है— और जिससे मिल रही है, वह दरिद्र घर की एक कन्या है।

ब्याह निश्चित हो गया। ...तैयारी होने लगी। वह दिन पास आने लगा।... तब मैं और नहीं छिपा सका... मैंने राजवैद्य से कहा कि मैं...कि मैं... *(क्षणिक विराम)* नग्न युवती की कल्पना करता हूँ... और मुझे कुछ नहीं होता। ...उन्होंने मेरी परीक्षा की। ...शायद यह कोई मनोवैज्ञानिक ग्रन्थि थी... बचपन में ही अनाथ हो जाना... किसी से घुलमिल न पाना...बहुत अकेला हो जाना...हमेशा का अन्तर्मुख, हमेशा का निर्णय-दुर्बल, हमेशा का अनिश्चयी...बहुत चुप, बहुत संवेदनशील, बहुत भीरु...हर अन्याय, हर अपमान को चुपचाप पी लेना...आत्मविश्वास की कमी, स्वभाव का ठंडापन, मन की अस्थिरता...बचपन में एक के बाद एक व्याधियों के आक्रमण...उन्होंने कहा कि मेरे लिए हर रोग का निदान ब्याह है। पत्नी से अच्छा उपचार मेरे लिए दूसरा नहीं हो सकता...वह संगिनी बनकर अकेलापन दूर करेगी, मित्र बनकर कामकाज में सम्मति देगी... माँ की ममता, बहन का स्नेह, प्रेयसी का प्रेम... हर कमी दूर होगी, सारे अभाव पूरे होंगे...खोया हुआ आत्मविश्वास मिलेगा... और जब शैया पर पहुँचोगे, वह घड़ी आएगी—जब कामना की पूरी ऊष्मा के साथ नारीत्व पुरुषत्व का आह्वान करेगा,तो उस मनोवैज्ञानिक क्षण में अपने आप ही... *(शैया की ओर देखता है—एकटक! मंच के दायें भाग में अन्धकार होने लगता है। मध्यवर्ती भाग की प्रकाश-व्यवस्था दो आलोक-वृत्तों में बदलने लगती है—एक ओक्काक के ऊपर, एक शैया के)*... मैं उसे अपनी बाँहों में भर लेता...उसकी कजरारी आँखें...उसके लाल होंठ...होंठों के फड़कते हुए कोने...चुम्बनों की अटूट कड़ियों के साथ मेरे रक्त का संचार बढ़ जाता ...मैं काँपती उँगलियों

से उसके वक्ष से अंशुक हटाता... मैं उत्तेजित साँसों के साथ उसका नीवी–बन्धन खोलता...उसका युवा शरीर, उसका नग्न शरीर...मैं थरथराते हाथों से उसके बदन को सहलाता...मैं तपते होठों से उसके उभारों को चूमता...मेरी धड़कन बढ़ जाती...मेरी साँस धौंकनी की तरह चलने लगती, मेरे माथे पर स्वेदबिन्दु छलछला आते...मेरी देह की एक–एक नस खिंचकर टूटने–टूटने को हो आती कि अब?...आगे?...क्या होता है इसके बाद?... *(फूटकर)* मैं बार–बार पूछता अपने शरीर से कि इसके बाद क्या होता है? —अपनी नसों के जाल से...अपने रुधिर की गर्मी से, अपने यौवन से, अपने पुरुषत्व से... *(विराम)* और उत्तर के रूप में मेरी आँखों के आगे आ जाता—अन्धकार...घना अन्धकार...केवल अन्धकार...!

(मंच पर अन्धकार। लम्बा विराम।)

[नेपथ्य से कुछ प्रभाव— साँसें, हल्की कुनमुनाहट... वस्त्रों की सरसराहट, आभूषणों की झंकार, जैसे करवट बदली गयी हो। शीलवती और प्रतोष के स्वरों में तन्द्रा और तृप्ति की छुअन है।]

प्रतोष : शीऽऽल...!

(विराम।)

शीलवती : हूँ...!

(विराम।)

प्रतोष : चुप क्यों हो...?

(विराम।)

शीलवती : नहीं तो...
हँसी।

प्रतोष : कुछ बोलो... !

शीलवती : ऊँ हूँ... ।

(विराम।)

प्रतोष : दीप जला दूँ... ?

शीलवती : नईं... सब कुछ बदल जाता है प्रकाश के साथ... ।

(विराम। चषक में मदिरा डाले जाने की ध्वनि।)

प्रतोष : आधी रात बीत गयी... ।

शीलवती : *(सजग होकर)* कैसे कठोर वचन बोलते हो !

प्रतोष : क्यों ? ...क्या हुआ ?

शीलवती : *(फिर उसी स्वर में)* यह कहो कि आधी रात... और बची है... ।

(हँसी। वस्त्रों की सरसराहट। आभूषणों की झंकार।)

प्रतोष : शीऽऽल... !

(विराम।)

शीलवती : हूँ... !

प्रतोष : नींद आ रई है... ?

शीलवती : नींद ? *(हँसी)* आज की रात तो मुझे मृत्यु भी नहीं आएगी... ।

(विराम।)

शीलवती : बहुत अच्छी महक है... !

प्रतोष : कुमुदनी फूली है नीचे... ।

शीलवती : *(गहरी साँस लेकर)* पूरे चाँद की रात है न... सुनो, तनिक मेरी यह माला निकाल दोगे ? ...चुभ रही है गले में... ।

प्रतोष : अच्छा... करवट ले लो... !

(वस्त्रों की सरसराहट। आभूषणों की झंकार।)

तीसरा अंक

मंच एवं समय-सन्दर्भ

शयनकक्ष

सूर्योदय

तीसरा अंक

[अन्धकार। एक पुरुषाकृति का आभास, जो धीरे-धीरे मंच पर टहलती रहती है। नेपथ्य में पहले एक और फिर अनेक पक्षियों की चहचहाहट। दूर और कुछ पास से क्रमशः तीन पुरुष-स्वर— 'सूर्य की पहली किरण...।' नेपथ्य में तत्काल वीणा पर प्रातःकालीन रागिनी का प्रारम्भ। साथ ही हड़बड़ाई हुई महत्तरिका का प्रवेश।]

महत्तरिका : *(आवेश में)* बधाई हो, महाराज!... उजाला!... प्रकाश!... आलोक।

(पूर्ववर्ती तीनों शब्दों के साथ तत्क्षण— तीन बार में— पूरा मंच आलोकित हो जाता है। ओक्काक के चेहरे पर जो सूनापन है, उसे देखकर महत्तरिका अपने को सँभालने का प्रयत्न करती है।)

ओक्काक : *(धीरे-धीरे)* हाँ... बीत गयी रात...!

महत्तरिका : *(गवाक्ष के बायें भाग के सामने पहुँचती है। कुछ रुककर)* राजद्वार पर तीनों प्रतीक्षा कर रहे हैं... महामात्य... राजपुरोहित... और महाबलाधिकृत... *(विराम।) गवाक्ष के सामनेवाले भाग के पास आ जाती है)* रथ आ रहा है।...आगे-आगे जलता हुआ उल्मुक लिये एक सैनिक...।

ओक्काक : *(करुण मुस्कान से)* क्योंकि राजमहिषी असूर्यस्पर्श्या हैं!

(विराम।)

धीरे-धीरे उभरती हुई घोड़ों की टापों की आहट, जो बिल्कुल पास आकर थम जाती है। महत्तरिका ओक्काक की ओर देखती है, नेपथ्य की रागिनी तेज़ होने लगती है। ओक्काक व्यग्र-सा टहलता है, बायें द्वार की ओर देखता है। मन्द-मन्थर गति से शीलवती का प्रवेश। चाल और भाव-भंगिमा में कुछ नशीलापन, बेसुधी। रागिनी धीमी होते हुए खो जाती है। दोनों एकटक एक-दूसरे की ओर देखते हैं।

(लम्बा विराम।)

ओक्काक : *(मन्द स्मित से)* तो... ? कैसी बीती रात?

शीलवती : *(कसमसाकर, ठंडी साँस के साथ)* पता ही न चला कि कब भोर हो गयी। ...और तुम्हारी?

ओक्काक : *(कुछ ठहरकर, हल्की मुस्कान से)* यह शयनकक्ष साक्षी है... ये भित्तियाँ और गवाक्ष... यह मुक्ताक्लाप... *(ध्यान से देखता है)* यह क्या दशा हो गयी है तुम्हारी? *(पास आने लगता है)* अस्त-व्यस्त वेश...शृंगार के भग्नावशेष...उलझे हुए बाल...*(क्षणिक विराम)* यह गन्ध कैसी है? ... *(शीलवती हँसती है। कुछ ऊँचे स्वर में)* बोलो न? ... कैसी है यह गन्ध? *(फिर हँसती है)* अंगराग? ... *(हर शब्द पर नाहीं में सिर हिलाती है)* गोरोचन? ...लाक्षारस?...सुरभि?

शीलवती : *(उन्मादिनी-सी)* नहीं...कुछ भी नहीं...।

ओक्काक : *(विह्वल होकर)* तब फिर?

शीलवती : *(सूँघने की गहरी साँस लेकर)* सूँघो... पहचानो...।

ओक्काक : *(तीव्र स्वर में)* शीलवती!

शीलवती : *(स्थिर दृष्टि से देखती है)* इस गन्ध से तुम्हारा कोई परिचय नहीं। ...अगर होता, तो कल की यह रात न मेरे जीवन में आती, न तुम्हारे।

ओक्काक : *(किंकर्तव्यविमूढ़-सा कक्ष का आधा चक्कर लगाता है। यकायक, दायें द्वार की ओर मुड़कर)* महत्तरिका! ...महादेवी के स्नान की व्यवस्था हो।

शीलवती : *(उतने ही ऊँचे स्वर में)* नहीं... *(सहज स्वर में)* अभी नहीं। ...जैसे भौंरा कमल के सम्पुट में बन्द हो जाता है.. वैसे ही मैं बँधी हूँ अभी इस गन्ध के बन्धनों में ...इससे पहले कि यह उड़ जाय, इसे अपने अस्तित्व के साथ एकाकार कर लेना है, अपनी चेतना की सतह पर छान लेना है, रोम-रोम में बसा लेना है... जानते हो, कितना कुछ घुला-मिला है इस गन्ध में?

ओक्काक : शीलवती!

शीलवती : *(जैसे उसी अनुभूति में डूबी हो)* आलिंगन की निकटता... चुम्बनों का ताप... दन्तचिह्नों के सीत्कार... नखविन्यास की सिहरन...

ओक्काक : (मुँह फेरकर) बस बस...!

शीलवती : (मुस्कराती है) क्यों? ...सहन नहीं हो रहा है?

ओक्काक : *(गवाक्ष तक आ जाता है। कुछ ठहरकर)* अभी भी राजधानी में हैं... तुम्हारे...उपपति?

शीलवती : हैं... और अभी रहेंगे कुछ समय तक।

ओक्काक : *(मुड़ता है)* क्या मतलब?

शीलवती : *(धीरे-धीरे)* रात मैंने एक ओर बहुत कुछ पाया, तो दूसरी ओर यह भी जाना कि अब तक कितना कुछ खोया है! ...खोने में से पाने का सन्तोष... और पाने में से खोने का आक्रोश... *(विराम)*...कितना सुख दे सकता था यह शरीर... लेकिन मैंने नहीं जाना... वर्ष पर वर्ष

बीतते गये... वही प्रातःकाल उठना...स्नान-ध्यान ...उद्यान की क्यारियाँ... वीणा-वादन या चित्र-रचना... पक्षियों को दाना-पानी... किसी पुस्तक के पन्ने पलटना... दोपहर-भर सोना... सायंकाल कोई सभा-समारोह, कुछ संगीत-नर्तन... मेरी दिनचर्या कभी नहीं बदली—क्योंकि रात की आपबीती नहीं बदली... मुझे किसी ने बलात् सारी रात नहीं जगाया... मैंने नींद से बोझिल पलकें झपकाते हुए किसी से मनुहारें नहीं कीं... मैंने तकिये से मुँह छुपाए पहरों गुपचुप बातें नहीं कीं...।

(विराम।)

जब दो शरीर पास आते हैं, तो सम्मिलन का व्यक्तिगत इतिहास बनता है—निकट आने की पूरी प्रक्रिया, अलग-अलग सोपानों पर एक-दूसरे की प्रतिक्रिया की जानकारी... देने का आवेग...लेने की व्याकुलता...यह साझेदारी मेरे जीवन में कभी नहीं आयी...ऋतुएँ पर ऋतुएँ बदलती गयीं... ग्रीष्म आया तो देह पर चन्दन पोत लिया...वर्षा आयी तो श्वेत वस्त्र पहन लिये...शरद आया तो कानों में नीलकमल, हेमन्त आया तो बालों में काला अगरु, शिशिर आया तो मोटा कूर्पासक, वसन्त आया तो लाल दुकूल... लेकिन ऋतुओं का यह परिवर्तन क्या केवल इतना ही होता है? यह कहीं पति-पत्नी की रातों को नहीं छूता? उस व्यक्तिगत इतिहास को? ...ठंडे जल से भीगे पंखे, या मेघों का घनघोर गर्जन, या धान की बालों की पंक्तियाँ, या सारस की बोली, या जमा हुआ हिम, या वसन्ती पवन—इनका कुछ प्रभाव नहीं पड़ता, शयनकक्ष के ऊपर?... नींद की अवधि पर, या लेटने के ढंग पर, या शैया की

जगह पर, या ...*(ओक्काक मुँह फेरकर पीछे हटने लगता है। उद्धत-सी सामने आ जाती है। तीव्र स्वर में)* बोलो...या?

ओक्काक : *(उसे हटाकर आगे आ जाता है। भिंचे स्वर में)* मैं नहीं जानता।

शीलवती : *(स्थिर दृष्टि से देखती है। ठंडी भर्त्सना से)* तुम चाहो, तो भी नहीं जान सकते... लेकिन तुम्हारे साथ मैं भी इस जानकारी से वंचित रहूँ? ...क्यों? किसलिए?

ओक्काक : *(तीव्र स्वर में)* वैवाहिक बन्धन की कुछ मर्यादा भी होती है।

शीलवती : *(आवेश से)* निभायी है मैंने... और पाँच वर्ष तक मर्यादा निभाने में उतना सन्तोष नहीं मिला, जितनी तृप्ति इस एक रात में मिली है! ...बोलो...किसे मानूँ? ...किसको दूँ महत्त्व? *(उसकी ओर देखती रहती है। एक ओर बढ़ती है, धीरे-धीरे)* उसके एक ही स्पर्श से भड़क उठा यह लावा...जो कितने सालों से इस शरीर में दबा हुआ था। ...जिसकी आँच का अनुभव होता था जब...तो कहीं कुछ नहीं भाता था।...बिना बात महत्तरिका पर झुँझलाती थी... बेचारे चक्रवाक को आहार नहीं मिलता था, चित्रालेख फाड़-फाड़कर फेंकती थी, द्रुत रागों में वीणा के तार टूटते थे, बेचैन-सी शैया पर करवटें बदलती थी *(एक पंजा बढ़ाते हुए)* और जान लो कि... तुम्हारा मुँह नोंच लेने का मन होता था... *(चूड़ियाँ और आभूषण खनखनाते हैं, तो कलाई की ओर देखती है। कुछ क्षणों के बाद यों मुस्कराती है, जैसे कुछ याद आ रहा हो। हँस पड़ती है। अपने को सँभालने की चेष्टा करती है। उमंग से)* बहुत अनुभवी है प्रतोष... जानता है कि कब, कहाँ, कैसे और...

क्या... करना चाहिए।

ओक्काक : *(भर्राए स्वर में)* शीलवती!

शीलवती : *(उसकी ओर देखती है। खिलखिलाकर हँस पड़ती है)* क्या करूँ! ... भरी गगरी की तरह छलकी-छलकी जा रही हूँ... इतना सुख, इतनी सिहरन, इतना रोमांच... *(सीत्कारसहित)* कल रात कितनी बड़ी क्रान्ति हुई है मेरे जीवन में... मेरे तन-मन का इतिहास ही बदल गया है... *(आवेग से)* मैं अपने अनुभव बाँटना चाहती हूँ किसी से... अपना उल्लास किसी पर छलकाना चाहती हूँ... क्या करूँ? किसे सुनाऊँ?... *(यकायक, दायें द्वार की ओर मुँह कर, रस-भरे स्वर में)* महत्तरिका! ...अपने विराज की सहचरी!... तनिक इधर तो आ... प्रेम-रसपगी! ...*(ओक्काक से, मुस्कराकर)* कविता बन गयी।

(महत्तरिका का प्रवेश।)

महत्तरिका : महामात्य, राजपुरोहित और महाबलाधिकृत पधारे हैं।

(तीनों का प्रवेश। महत्तरिका का प्रस्थान।)

शीलवती : *(रस-भरे स्वर में)* कहिए महामात्य! कैसी बीती आपकी रात?

ओक्काक : *(चौंककर)* महादेवि!

शीलवती : बताइए, बताइए, लजाइए मत!... आपकी पत्नी के चेहरे पर तो अभी तक यौवन की चाह है। आप अवश्य कुछ गम्भीर रहते हैं, *(मुस्कान सहित)* लेकिन शयनकक्ष में पाँव रखते ही बदल जाते होंगे। ...क्यों?

ओक्काक : *(तीव्र स्वर में)* शीलवती! तुम अपने आपे में नहीं हो।

महामात्य : *(कुछ विह्वल होकर)* महादेवि! मर्यादा का उल्लंघन मत कीजिए।

शीलवती : *(तिरस्कार से)* कितना सीमित है आप लोगों का शब्द-

भंडार! ...बार-बार वही घिसे हुए सिक्के... *(दुष्ट मुस्कान से राजपुरोहित की ओर देखती है)* राजपुरोहित विधुर हैं, इसलिए इनसे कुछ पूछना व्यर्थ है। *(अर्थपूर्ण स्वर में)* वैसे हाल में एक चंचल मैना कान में कह गयी थी कि अपनी एक दासी से इनके कुछ... धार्मिक सम्बन्ध हैं।

राजपुरोहित : *(आवेश में)* महादेवि! आप मुझ पर लांछन लगा रही हैं। यह धर्म के विरुद्ध है।

महाबलाधिकृत : बहुत लज्जा की बात है। आपको शोभा नहीं देती।

शीलवती : *(चंचल मुस्कान से महाबलाधिकृत के पास आती है)* यौवन को क्या शोभा देता है? *(क्षणिक विराम)* आप भी तो अभी युवा हैं। शक्तिशाली...सेनानी हैं। (भेद-भरे स्वर में) कैसा रहा रात का संग्राम?

महाबलाधिकृत : *(दुःख से)* महादेवि! शील का कुछ तो विचार कीजिए।

शीलवती : *(उद्दंडता से)* किया है श्रीमान् ...पूरे पाँच वर्ष!... *(उँगलियों पर गिनती है)* एक...दो...तीन...चार...पाँच... *(तीनों की ओर देखती है।)* आप लोग स्थिति को दोटूक स्वीकार क्यों नहीं करते? ...संसार दुःखों का सागर है। ...कितनी भाग-दौड़...कितना छल-कपट...कितना रक्तपात...रात की वही तो कुछ घड़ियाँ हैं, जिनमें आदमी अपने को भूल सकता है, थोड़ा-सा सुख पा सकता है। ...मैंने ऐसी कौन-सी अनहोनी बात कह दी, जो आप लोगों के चेहरे उतर गये?

महामात्य : लेकिन संसार में आचरण के भी कुछ नियम हैं। दो व्यक्तियों के बीच... मर्यादा की एक सीमा होती है, जिसका उल्लंघन किसी भी दृष्टि से...

शीलवती : *(विद्रूप से)* महामात्य! इन खोखले शब्दों का जादू टूट चुका है अब।... *(महामात्य, राजपुरोहित, महाबलाधिकृत*

एवं ओक्काक की ओर बारी-बारी से देखती है) मर्यादा!... धर्म! ...शील!... वैवाहिक बन्धन!... *(सबकी ओर पीठ कर आगे आ जाती है।)* सब मिथ्या!... सब आडम्बर!... सब पुस्तकीय!... *(उद्धत-सी)* लेकिन मुझे पुस्तक नहीं जीना अब। ...मुझे जीवन जीना है।

महामात्य : क्या जीवन और पुस्तक का इतना गहरा विरोध होता है?

शीलवती : कुछ ऐसे सौभाग्यशाली हो सकते हैं, जिनका नहीं होता...जैसे महाबलाधिकृत का युद्ध-कौशल-पुस्तक से...जैसे राजपुरोहित का धर्माचारपंजिका से...जैसे आपका अर्थशास्त्र या युद्धनीति से... *(क्रोधपूर्वक)* लेकिन मेरी ओर देखिए। ...मैं एक ब्याहता स्त्री हूँ, लेकिन मेरे जीवन का कामशास्त्र से क्या सामंजस्य है? ...जिसने पाँच वर्षों तक यह नहीं जाना कि पुरुष के स्पर्श में वह कौन-सा सम्मोहन है, जो ... *(महामात्य की ओर देखती है। व्यंग्य से)* क्या नेक परामर्श दिया था आपने मुझे कल?... मछली की आँख के उदाहरण के साथ? ...तनिक दुहराइए उसे। *(विराम। बलपूर्वक)* राजमहिषी की आज्ञा है कि आप उसे दुहराएँ।

महामात्य : *(कुछ रुककर)* मैंने कहा था कि...

शीलवती : कि?

महामात्य : केवल अपने लक्ष्य के बारे में सोचिए।

(क्षणिक विराम।)

शीलवती : जब आप अपनी पत्नी के साथ सोते हैं...?

ओक्काक : *(घुटे स्वर में)* शीलवती!

शीलवती : *(बिना रुके)*... तो क्या सोचते हैं उन क्षणों में?... अमात्य-परिषद् का चुनाव? ...सीमाओं की सुरक्षा? ...राजकोष की कमी?...और आपकी पत्नी क्या सोचती

हैं?...दूधिया दाँत और अबोध मुद्रा? ...*(भर्त्सना से)* कितने मूर्ख हैं आप! ...महामूर्ख! ...मूर्खों के सम्राट! ...शयनकक्ष की यह समझ है आपको? ...अगर यह उद्देश्य किसी नारी का हो भी, तब भी उस शैया पर कौन-सी बातें आती हैं मन में? ...उन क्षणों में कहाँ होता है ध्यान? ...उस आवेश और अकुलाहट में... उस उत्तेजना और उन्माद में ...उन साँसों और उच्छ्वासों में... सारे शरीर में दौड़ती हुई बिजली की तरंग-जैसी उस तृप्ति के साथ कौन-सी स्त्री है तुम्हारे संसार की, जो होने वाली सन्तान का ध्यान कर पाती हो? ...नारीत्व की सार्थकता मातृत्व में नहीं है, महामात्य! है केवल पुरुष से संयोग के इस सुख में ...मातृत्व केवल एक गौण उत्पादन है... जैसे दही से निकलता तो मक्खन है, लेकिन तलछट में थोड़ी-सी छाछ भी बच जाती है... *(संकेत सहित)* हम सब छाछ हैं, छाछ... मक्खन कुछ और था, जो जन्मदाताओं के जीवन में रस घोल गया। ...*(ओक्काक से)* क्या हो तुम?...रातों की उसी साझेदारी का प्रतीक... उस गोपनीय और अन्तरंग निकटता का सामूहिक उद्घाटन... उस व्यक्तिगत और अदृश्य इतिहास का दृश्यमान परिशिष्ट... जो बाद में मूल पुस्तक में जुड़ गया— रचनाकारों के चाहे या अनचाहे...!

महामात्य : *(चिन्तित-सा)* महादेवि! आप बहुत थकी हुई हैं।

महाबलाधिकृत : अपने आपे में नहीं हैं।

राजपुरोहित : विश्राम करें।

शीलवती : *(मुस्कराती है)* सारी रात जागी हूँ, सज्जनो! सारा दिन विश्राम ही करना है।

(राजपुरोहित और महाबलाधिकृत महामात्य की

ओर देखते हैं।)

महामात्य : अब हमें आज्ञा दीजिए।

राजपुरोहित : अमात्य-परिषद् बहुत बेचैनी से शुभ समाचार की प्रतीक्षा करेगी।

महाबलाधिकृत : पूरा मल्लराज्य प्रार्थना करेगा कि उसे राजसिंहासन का उत्तराधिकारी मिले।

(तीनों जाने को होते हैं।)

शीलवती : तनिक ठहरिए! *(तीनों ठिठक जाते हैं, मुस्कान सहित तीनों की ओर बारी-बारी से देखती है)* महामात्य!... राजपुरोहित!... महाबलाधिकृत!... *(धीरे-धीरे, समझाते हुए)* आप लोगों को शायद अनुभव होगा.. अनिश्चय बहुत बेचैन करता है और प्रतीक्षा बड़ी यातना देती है। ...यह स्थिति तो और भी भयंकर है, क्योंकि अनिश्चय प्रतीक्षा भरा होगा और प्रतीक्षा अनिश्चयभरी। ...आप लोग राज्य के स्वामिभक्त कर्मचारी कहे जाते हैं...तो ऐसे तनाव से आप लोगों को बचाना मेरा कर्तव्य है।

महामात्य : मैं समझा नहीं।

शीलवती : अमात्य-परिषद् का निर्णय है कि वह मुझे तीन अवसर देगी?

महामात्य : जी हाँ, तीन।

शीलवती : तो जाइए, घोषणा कर दीजिए कि आज से ठीक एक सप्ताह बाद राजमहिषी शीलवती धर्मनटी बनकर राजप्रांगण में उतरेंगी।

(छोटा-सा विराम।)

राजपुरोहित : लेकिन कुछ दिनों प्रतीक्षा तो करें।

महाबलाधिकृत : अगर रात का कोई परिणाम हो तो...

शीलवती : *(स्मित सहित)* मैं आपको विश्वास दिलाती हूँ कि रात का कोई परिणाम नहीं होगा। ...मेरे उपपति ने मुझे एक

निरोधक औषधि दे दी है... और अगली बार भी दे देगा।

(विराम।)

महामात्य : *(समझने के भाव से)* ओह...!

ओक्काक : *(स्थिर दृष्टि से शीलवती की ओर देखता है। करुण मुस्कान से)* राजमहिषी धर्मनटी बनकर गयी थीं, कामनटी बनकर लौटी हैं।

महाबलाधिकृत : *(किंचित् आक्रोश से)* लेकिन यह तो आप लोगों की सरासर चाल है।

शीलवती : *(मुस्कराकर)* वैधानिक जाल में से निकलने की वैधानिक चाल... *(विराम। आत्मलिप्त-सी)* लेकिन मैं कैसे एक सप्ताह तक प्रतीक्षा करूँगी? ...सात-दिन... और सात-रातें... *(चारों की ओर पीठ कर एक ओर बढ़ने लगती है)* सात बार सूर्य उगेगा और डूबेगा... सात बार चन्द्रमा निकलेगा और छिपेगा... सात बार चकवा अलग होगा चकवी से... *(ओक्काक के प्रति तनिक झुककर तीनों कर्मचारियों का प्रस्थान)* सात बार कुमुदनी चन्द्रमा के बिना मुरझाएगी...। *(मुड़ती है)*

ओक्काक : यह वैधानिक रास्ता जब बन्द हो जाएगा, तब?

शीलवती : जब आवश्यकता होती है, तो नये रास्ते खुलने लगते हैं।

ओक्काक : अर्थात् अब तुम किसी... मर्यादा का पालन नहीं करोगी?

शीलवती : *(आगे बढ़ जाती है)* कितनी युवतियाँ हैं, जो ब्याह से पहले ही कुमारी नहीं रहतीं...और मैं ब्याहता होकर भी ब्रह्मचारिणी थी...लेकिन कब तक?...मैं एक मामूली स्त्री हूँ। जब शरीर के माध्यम से जीती हूँ, तो शरीर की माँगों को कैसे नकार सकती हूँ?

ओक्काक : *(तिरस्कार से)* तुम यहाँ तक जा सकती हो? ...अपने स्वार्थ के लिए...!

शीलवती : *(स्थिर दृष्टि से देखती है)* और तुम कितने परमार्थी हो, जो बिना सामर्थ्य के ब्याह के जैसा जघन्य पाप कर सकते हो? ...राजवैद्य ने कहा था कि जब कामना की पूरी ऊष्मा के साथ पत्नी तुम्हारा आह्वान करेगी, तो उस मनोवैज्ञानिक क्षण में अपने-आप ...यानी मैं तुम्हारे लिए केवल जड़ी-बूटी थी? केवल एक उपचार?... तुमने यह नहीं सोचा कि अगर यह चिकित्सा बेकार गयी, तो इस जीवन्त औषधि पर क्या बीतेगी? ...*(इधर-उधर देखती है। मंच की प्रकाश-व्यवस्था धीरे-धीरे तीन आलोक-वृत्तों में बदलने लगती है जो शीलवती, ओक्काक एवं शैया पर केन्द्रित है)* यह शयनकक्ष साक्षी है मेरी पीड़ा का... ये भित्तियाँ और गवाक्ष...यह मुक्ताक्लाप... *(छोटा-सा विराम)* यह शैया... तुम मेरे शरीर से ताप लेना प्रारम्भ करते थे... नग्न नारीत्व से अपने पुरुषत्व को जाग्रत करना चाहते थे— आलिंगनों से, चुम्बनों से, स्पर्शों और नख-चिह्नों से... मेरी पूरी चेतना प्रत्युत्तर देती थी... मेरी साँसें अवरुद्ध, मेरी धड़कनें तीव्र...मेरे होठों पर सीत्कार... मेरे अंग-प्रत्यंग में कँपकँपाहट की तरंगें—मैं पूरी तरह तैयार...पके फल की तरह टूट पड़ने को, उमड़ते ज्वार की तरह बाँध तोड़ देने को, भरे मेघों की तरह बरस पड़ने को...अैर प्यासी धरती की तरह एक-एक बूँद अपने में समा लेने को...उस मात्रा में एक-चौथाई दूरी तय कर लेती और मुड़कर देखती तो तुम वहीं खड़े थे— ठंडे, निस्तेज... तब मुझे फिर लौटना पड़ता... तुमने कभी जाना है रीते-हाथों वापसी की उस यातना को? उत्तेजना की उस व्यर्थता और उन्माद की उस निरर्थकता को?...उष्णता के बाद शीत, थरथराहट के बाद स्थिरता,

कम्पन के बाद सहजता... बिना किसी उपलब्धि के, बिना किसी प्राप्य के, बिना किसी तृप्ति के... *(एकटक देखती है)* बोलो...कौन है स्वार्थी? ...तुम कि मैं?

ओक्काक : *(पीठ फेर लेता है। सिर झुकाए)* तो तुम मन-ही-मन घृणा करती रही हो मुझसे अब तक...?

शीलवती : प्रारम्भ में करती थी, पर बाद में नहीं। ...तुम्हारे व्यक्तित्व के दूसरे पक्ष हैं, जो मुझे भाते हैं। मेरी पूरी सहानुभूति है तुम्हारे साथ, लेकिन इसका मतलब यह नहीं कि... *(अटक जाती है। निकट आती है)* जब आत्मसन्तोष की अन्धी दौड़ हो— व्यक्तिगत सुख की खोज...तो जीवन बहुत जटिल होता है, ओक्काक... और उसकी माँगें भी उतनी ही उलझी हुईं... पूर्ति के लिए एक से अधिक व्यक्ति चाहिए... किसी से समाज में एक स्थान, किसी से भौतिक सुविधाएँ, किसी से भावना की तृप्ति.. किसी से शरीर का सुख...!

(करुण मुस्कान से ओक्काक की ओर देखती है। दायें द्वार से चली जाती है। ओक्काक मुड़ता है, द्वार की ओर देखता है। तीसरा प्रकाश-वृत्त बुझने लगता है। ओक्काक फिर मुड़ता है, शैया की ओर देखता है। नेपथ्य में नगाड़े की ध्वनि।)

(फिर उद्घोषक का स्वर— 'मल्ल राज्य के हर नागरिक को— सूचना दी जाती है— कि आज से ठीक एक सप्ताह बाद, पूर्णमासी की सन्ध्या को— राजमहिषी शीलवती धर्मनटी बनकर— राजप्रांगण में उतरेंगी। मल्लराज्य के हर नागरिक को— प्रत्याशी बनकर— पधारने का आमन्त्रण है। राजमहिषी शीलवती— अपनी इच्छा के

अनुसार— किसी भी नागरिक को— एक रात के लिए— सूर्य की अन्तिम किरण से— सूर्य की पहली किरण तक— उपपति के रूप में चुनेंगी।')

अन्धकार

□□□